mestres
ciganos
astrais

Copyright © 2012
Ramona Torres

Editoras
Cristina Fernandes Warth
Mariana Warth

Coordenação editorial
Raphael Vidal

Coordenação gráfica, diagramação e capa
Aron Balmas

Revisão
Rafaella Lemos

Este livro segue as novas regras do Acordo Ortográfico da Língua Portuguesa.

Todos os direitos reservados à Pallas Editora e Distribuidora Ltda.
É vetada a reprodução por qualquer meio mecânico, eletrônico, xerográfico etc.,
sem a permissão por escrito da editora, de parte ou totalidade do material escrito.

CIP-BRASIL. CATALOGAÇÃO-NA-FONTE
SINDICATO NACIONAL DOS EDITORES DE LIVROS, RJ

T648m

Torres, Ramona
 Os mestres ciganos astrais : (origens, histórias, lendas, rituais e especialidades mágicas) / Ramona Torres. - Rio de Janeiro : Pallas, 2012.
 152p.

 ISBN 978-85-347-0488-5

 1. Ciganos - Usos e costumes. 2. Magia cigana. I. Título.

12-3513.   CDD: 133.3
                                                      CDU: 133.4

Pallas Editora e Distribuidora Ltda.
Rua Frederico de Albuquerque, 56 – Higienópolis
CEP 21050-840 – Rio de Janeiro – RJ
Tel./fax: 21 2270-0186
www.pallaseditora.com.br
pallas@pallaseditora.com.br

RAMONA TORRES

mestres
ciganos
astrais

...uas origens, histórias, vidas,
...tuais e especialidades

1ª edição • 1ª reimpressão
Rio de Janeiro, 2020

Dedicatória

Para ***Dieula*** e para os Mestres Ciganos, para eles que são meus grandes amigos e condutores do meu caminho, pela oportunidade que me foi dada.

Em especial, para os meus amigos Cigano Artêmio (meu coautor), Ramiro (o que me corrige) e Wladimir (que me perguntou desconfiado: "Menina, então você vai falar da gente? Depois que acabar me mostre." Assim eu fiz, ganhei um abraço e, com a aprovação do Rei, soube estar realmente no caminho certo).

Para o escritor e poeta Fábio Lopes Barretto (Fábio Shiva) que me ajudou a colocar meus devaneios em prática.

A todos, muito obrigada.

Agradeço também aos que estiveram comigo nesta jornada, amigos, alunos, consulentes, participantes dos *workshops*, familiares, companheiros de ***kumpania***: sem vocês nada disto se realizaria. Luz e paz a todos.

Ramona Torres

Sumário

Parte 1: Esclarecimentos da vida *romani* espiritual, 9

O plano astral dos mestres, 9
Estrutura do clã cigano espiritual, 12
Grandes amigos espirituais formadores dos clãs, 16
Roda Cigana, 20
A hierarquia da roda, 61

Parte 2: A magia dos ciganos, 65

A magia de cada um no trabalho em outras linhas, 65
O desenvolvimento da incorporação
  e as características do manifesto de cada um, 67
Energizando seus objetos devocionais, 71
O que são potes ciganos?, 73
Oráculo de todos: as moedas, 75

Parte 3: Os mestres ciganos espirituais, 77

Cigana Sulamita, 77
Cigana Carmem, 82

Cigana Madalena, 87
Cigana Esmeralda, 92
Cigano Juan, 98
Cigano Artêmio, 103
Cigano Wladimir, 109
Cigano Manolo, 115
Cigano Sandro, 121
Cigana Natasha, 127
Cigana Yasmim, 132
Cigano Ramiro, 138

Vocabulário, 145

Palavras finais, 151

Parte 1
*Esclarecimentos da vida **romani** espiritual*

O plano astral dos mestres

Clã espiritual: quem são?

O plano dos espíritos não pode ser generalizado em nenhum momento, ainda mais se tratando de espíritos ciganos, que, a exemplo de sua vivência terrena, têm a sua própria linha de trabalho. Muitos ciganos, sejam de alma ou não, se interessam pelo mundo espiritual dos Mestres Ciganos, chegando estes a estarem presentes em muitos cultos de outras raízes no único intuito de trabalhar e ajudar os irmãos em sua jornada terrena, sendo irmãos de raça ou não. O culto a esses espíritos tão queridos vem ganhando espaço em toda a sociedade ***gadjó***, à medida que a cultura cigana vem sendo mostrada sem reservas, nas suas mais variadas formas de expressão, como dança, oráculos, música, literatura e principalmente em seus rituais mágicos. Assim, a proteção comprovada desses mentores se faz presente cada dia com mais força entre nós.

No espiritualismo em geral, existe uma certa dificuldade em algumas religiões que não têm um codificador, e na vida espiritual dos ciganos não é diferente. Muito se fala, se diz e se escreve. Muitos médiuns de alta classificação estão entre os divulgadores mais conscienciosos desta cultura. Com a abertura que nos permite a Era de Aquário, esses mestres podem estar cada vez mais perto de nós, e têm o seu trabalho um pouco mais facilitado, conseguindo penetrar nesse mundo complexo e misterioso que é o mundo espiritual dos ciganos.

Este movimento religioso e místico, que tem representações nas mais altas esferas espirituais, é difundido e aceito com amor pelas multidões que se apoiam nesta força para enfrentar as intempéries da vida. Mesmo assim, ainda é preciso que se tenha maior entendimento para que se possa atrair para si a boa energia destes amigos astrais. Ao tomar conhecimento de uma das estruturas existentes no plano astral (possivelmente uma das mais conhecidas), poderemos receber melhor em nossa **tsara** (casa, terreiro, barracão, sessão, enfim, o lugar que for destinado ao encontro dos espíritos) esta instituição astral de renome e capacidade comprovada. Assim poderemos ter como colaboradores valiosos os amigos do Clã Espiritual Cigano, conhecidos como os Mestres Ciganos de Luz. E, ao falar neste clã, uma pergunta é imediatamente feita: quem são os Metres Ciganos de Luz?

São espíritos ciganos que viveram entre nós em outros tempos, que ainda em sua vida terrena já eram mestres portadores de um grande conhecimento sobre o mundo espiritual. Já buscavam a luz como forma de atenuar os problemas de ordem física, moral e astral, fazendo, dessa forma, um trabalho que emana amor e agregava outros espíritos que vibravam em sintonia com o etéreo deles.

Esse trabalho hoje é liderado por 12 espíritos, cada um com uma "equipe astral", que fazem parte dessa grande corrente que dá assistência sem distinção de credos, nacionalidades, grupos ou qualquer outra coisa que seja. A influência desses espíritos em distintos setores de nossa vida terrena e espiritual é permitida por **Devel** e, dependendo do problema por que passamos, podemos evocar o Mestre que domine este assunto.

Pátria de Todos e de Afinidade Espiritual, na aura de ciganos e gadjés

A Pátria de Todos é a Pátria de Luz e Afinidades Espirituais. A Pátria Espiritual de Luz é muito mais intensa que a que conhecemos na cultura dos ciganos que ainda vivem nesta nossa dimensão de aprendizado. Cito isto porque os ciganos encarnados têm como célula *mater* a sua própria pátria *romá*. A pátria espiritual é muito mais complexa, porque esses mestres têm capacidade e permissão de volitar entre as mais diferentes camadas espirituais, desde as zonas umbralinas até o mais alto patamar das energias sublimadas, sendo, assim, grandes mestres que trabalham e agregam os mais diferentes tipos de espíritos em suas legiões, guiando-se pela afinidade espiritual e pelo desejo de voltar-se sempre para ministrar ensinamentos ***romani*** que venham a ser de auxílio a todos que buscam Luz. E isso independente de que esses ensinamentos estejam sendo conhecidos através de espíritos na aura de ciganos ou mesmo de ***gadjés***, contanto que utilizem todos os recursos que, através dos anos, esses amigos astrais têm ofertado para amenizar as dores, seguindo os ensinamentos mais puros, que traduzem a essência da vida cigana: "viver e deixar viver". Os irmãos do Sol e da Lua utilizam as forças naturais para fazer suas magias, movendo-se pelo mundo ajudando ciganos e ***gadjés***, compartilhando seu sempre farto manancial mágico. Os filhos dos ventos e das estrelas acreditam nesta era mais rica e espiritualizada, uma era de esperança de entendimento entre os homens.

Estrutura do Clã Cigano Espiritual

Este Clã Espiritual tem a sua estrutura dividida em grupos. Cada grupo é chefiado por um Cigano Mestre, e a estrutura é apresentada por eles da seguinte maneira:

O **PRIMEIRO GRUPO** é chefiado pela Cigana Sulamita, responsável pela continuação de nossa raça, tendo como domínio principal os partos.

O **SEGUNDO GRUPO** é chefiado pela Cigana Carmem, responsável pelos males do amor, que é a mola que impulsiona o fator de continuação da raça e que move o mundo.

O **TERCEIRO GRUPO** é chefiado pela Cigana Madalena, responsável pelo fator que atinge toda a humanidade, que são os problemas do sexo. Sexo que une e desune pessoas, causando amores e ódios.

O **QUARTO GRUPO** é chefiado pela Cigana Esmeralda, a responsável pela fartura de alimentos, fator que atinge diretamente a sobrevivência de cada um. Ela também faz feitiços para os mais diversos fins com suas guloseimas.

O **QUINTO GRUPO** é chefiado pelo Cigano Juan, o responsável por não deixar que os clãs, familiares ou não, sejam afetados por brigas e que ninguém guarde ódio ou rancor. É um Cigano harmonizador por excelência.

O **SEXTO GRUPO** é chefiado pelo Cigano Artêmio, o responsável por consolar ciganos e *gadjés* ante os problemas da vida, e que trata dos oraculadores, ledores de sina, imantando-os para evitar o desgaste de energia.

O **SÉTIMO GRUPO** é chefiado pelo Cigano mais célebre e amado nos clãs deste mundo e do outro. Mais conhecido como "Rei dos Ciganos", o Cigano Wladimir é o Chefe Espiritual deste clã e também de todos os outros, já que não é permitido fazer nada sem o seu consentimento; por isto, ao evocar qualquer espírito, deve-se pedir licença a Wladimir. Este cigano é responsável pelo trabalho, porque sabe que o trabalho é uma das coisas mais importantes na vida de um ser, esteja no plano físico ou astral. Costuma ajudar a conseguir trabalho e "toma conta" da jornada astral. Wladimir, tem grande preocupação com as mulheres, que são responsáveis pelo grande milagre da continuação da raça. Do sétimo grupo comanda todos os outros, sendo aí consagrado porque o número sete significa perfeição.

O **OITAVO GRUPO** é chefiado pelo Cigano Manolo, que é responsável por conduzir situações e aconselhar os clientes, estando ele na aura de um médium ou enviando *insights* do astral para várias pessoas que estejam precisando de conselhos. É o "papa" da capacidade analítica e comanda um grande grupo de **shuvanis**, aptas para executar qualquer ordem para fazer encantamentos que ajudem aos que procuram em Manolo um mentor e conselheiro de fé.

O **NONO GRUPO** é chefiado pelo Cigano Sandro, que é responsável por fazer cálculos astrológicos e pelo uso de cristais em suas funções. É o que atende as pessoas marginalizadas que vivem na "noite", dando atendimento específico e imantando-os, já que o desgaste de energia é grande nessas pessoas.

O **DÉCIMO GRUPO** é chefiado pela Cigana Natasha, que é responsável pela família, por harmonizar o amor e o sustento. Desfazendo brigas familiares, unindo os que se amam, fazendo com que seja um por todos e todos por um, também é a "madrinha" dos "arrimos de família": ela os imanta, ajuda e aconselha, já que o desgaste que essa situação ocasiona é grande.

O **DÉCIMO PRIMEIRO GRUPO** é chefiado pela Cigana Yasmim, que é responsável pelas amizades, para que estas nunca se desfaçam, principalmente por brigas em que os motivos são de **louvés**. Não deixa que coisas terrenas interfiram no que considera vital, que é a existência dos círculos de amigos: ela julga que a amizade tem que passar por cima de todos os tipos de problema.

O DÉCIMO SEGUNDO GRUPO é chefiado pelo Cigano Ramiro, que é responsável pelas transformações das situações por que estamos passando. Ramiro, por meio de conversas sérias, mostra para as pessoas que toda situação — principalmente ruins — pode ser transformada em ensinamentos valiosos para a existência terrena.

Cada um desses grupos apresentados tem uma equipe astral e conta com três Subchefes de *Tsara* (que serão conhecidos por nós mais adiante). Eles delegam muitos trabalhos ao grande grupo que cada um deles rege, e contam com senhoras **bábas**, **barôs**, **kakus**, **shuvanis**, gitanas especializadas em **buena dicha**, **tcharrôs**, todos que estão preparados para o trabalho astral e que têm a permissão de **Devel**, da Virgem **Sara** e de Wladimir para poder atuar sobre os problemas aos quais foram convocados para ajudar a solucionar.

O Clã Cigano Espiritual também é calcado nos ensinamentos que buscam essencialmente extrair o que existe de melhor no sentimento de cada um, porque acredita-se que tudo que fazemos com consciência e amor só poderá nos levar até a Luz. Os 12 Mestres Espirituais têm a sua organização astral de maneira que, como já foi dito, cada um tem um domínio, porém isso não impede que espíritos amigos ajudem a cuidar, elucidar e resolver problemas nos mais diversos setores.

Basicamente, os Mestres Ciganos de Luz têm domínio sobre os seguintes assuntos:

*esclarecimentos da vida **romani** espiritual* **15**

CIGANA SULAMITA, sobre os partos (difíceis, amarrados e perigosos);

CIGANA CARMEM, sobre os males do amor impossível (abandonos, contrariedades, casos de rivais e harmonização de casais);

CIGANA MADALENA, sobre os problemas do sexo (timidez, conquista, medo e dificuldades para se entregar na vida sexual);

CIGANA ESMERALDA, sobre a fartura de alimentos (ela tanto faz quanto tira feitiços feitos com comida, para os mais diversos objetivos);

CIGANO JUAN, sobre a família (não deixa que pessoas que se amam guardem rancor e ódio em seus corações, abranda e resolve casos de desavenças em família);

CIGANO ARTÊMIO, sobre as pessoas que precisam de consolo (protege de inveja, ingratidão e desgaste de energia ledores de sina e oraculadores);

CIGANO WLADIMIR, sobre o trabalho (para conseguir emprego, mantê-lo e crescer nele);

CIGANO MANOLO, sobre o dom de convencer (oratória, capacidade analítica e bons conselhos);

CIGANO SANDRO, sobre Astrologia e cristais (dá conselhos principalmente para as pessoas que trabalham na noite);

CIGANA NATASHA, sobre a família, o amor e o sustento (desfaz brigas entre familiares e ajuda os arrimos de família);

CIGANA YASMIM, sobre a amizade (brigas por motivos de *louvés*);

CIGANO RAMIRO, sobre as transformações (pela transformação de situações difíceis por que estejamos passando).

Estes são os domínios de especialidade em que os Mestres têm como especialidade para atuar. No entanto, a ação geral é muito mais complexa e extensa. Os problemas que competem a todos para serem resolvidos na estrutura são: combater o desrespeito os seres (humanos ou não); fazer com que reine a justiça; combater a falta de fé, desigualdades, feitiçarias, maldades, perseguições nos planos físico e astral, coação, abuso de poder físico e astral, espíritos de má índole, problemas físicos e emocionais, problemas de vida marital e de gravidez, competição desleal, ambição desmedida, desregramento, má formação familiar, hierarquia descumprida, religiosidade enganosa, diferenças de credo e raça, desrespeito aos velhos, às crianças e à mulher; divulgar a vida espiritual ***romani*** com responsabilidade e sobretudo procurar estender a todos o benefício da Luz Espiritual.

Grandes amigos espirituais formadores dos clãs

Ao falar desses espíritos amigos, é preciso que primeiramente se comente a estrutura básica do mundo astral. Quando desencarnamos, temos do outro lado um vasto mundo igual ao nosso em toda a sua totalidade. Dependendo do nosso grau de evolução, teremos um período de aprendizado mais ou menos intenso ou doloroso. Continuamos a ter nossas principais características de personalidade e evoluímos por meio de sucessivas reencarnações determinadas pelo Pai Eterno. Devido ao passar dos tempos, o nosso aprendizado tem cada vez maior aproveitamento. Isto é fator determinante, independendo de credo ou região do globo terrestre. Existem hoje inúmeras Colônias Espirituais nos mais diferentes graus de aprendizado, em locais também diferentes, como no espaço astral mais adiantado, nas camadas mais sublimadas, na crosta terrestre e até nas profundezas da Terra.

Explicar esse processo é necessário porque, quando falamos sobre os Espíritos Ciganos, é preciso que se diga que sua destes espíritos é a soma do aprendizado das encarnações que já tiveram e também que são de uma Colônia Espiritual distinta. Os Espíritos Ciganos são como todos os outros espíritos e também dispõem da liberdade do livre arbítrio. Hoje existe uma discussão muito grande sobre o trabalho desses amigos astrais em linhas não apropriadas para Ciganos, como a umbanda e o candomblé; torno a dizer que o livre arbítrio é dádiva de Deus e, assim sendo, esses espíritos podem estes espíritos entrarem em qualquer linha espiritual que lhes convenha. Os ditos Exu Wladimir, Exu Cigano, Pombagira Cigana, Ciganinha da Estrada e muitos outros são espíritos que por vezes assim se apresentam para a melhor identificação de seus médiuns e clientes, trabalhando com o mesmo padrão apresentado e conhecido. A sua denominação pouco importa a eles mesmos: se é para fazer o trabalho para o qual têm permissão de Deus, as circunstâncias não farão diferença.

O espírito quase sempre prefere se aproximar de quem tem sintonia astral ou afinidade espiritual com ele, uma vez que estamos também em fase de evolução. Vejo e ouço dizer, muitas vezes, que os médiuns em geral, nas sessões do Povo de Rua, quando estão na vibração das Pombagiras ou dos Exus Ciganos, se balançam demais para incorporar, e que, nos casos de Espíritos Ciganos de linha pura, a incorporação se dá na mesma proporção que se sente um vento, uma brisa, caracterizando-se de maneira muito diferente. Isso se dá porque os primeiros estão em fase de evolução e purificação, logo, num mesmo ciclo espiritual vivido pelo médium; o espírito, conforme o esclarecimento que o médium for tendo, poderá mudar e se apresentar de maneira diferente. Tal fato vem confirmar a existência destes espíritos, o que é negado por muitos que não têm esse esclarecimento. Os Espíritos Ciganos de outras linhas são espíritos tão ciganos quanto os de linha mais pura, somente ainda não tiveram oportunidade de integrar seu protegido para que os trabalhos sejam feitos numa Linha **Romani**.

O esclarecimento dado, antes de falar dos amigos espirituais formadores dos clãs, é necessário porque estes que formam os círculos são importantes pontos de apoio, e por vezes alguns deles têm que se apresentar de maneira diferente do que lhes é habitual, unicamente com o fito de ajudar ciganos encarnados ou não ciganos.

Os grupos espirituais ciganos

Cada Mestre Espiritual tem a sua "equipe", composta de três subchefes e muitos ajudantes, numa hierarquia rígida e complexa. Muitos ajudantes, que trabalham para alcançar um patamar mais sublimado, são batizados algumas vezes com os nomes dos Mestres, com nomes derivados de seus nomes, nomes de subchefes ou nomes do clã de quando viveram encarnados.

Nós conhecemos os nomes dos Mestres mais conhecidos e também os nomes dos subchefes de cada um, assim como a sua correlação astrológica, sendo que os clãs mais extensos são os de Wladimir e Manolo.

Na lista abaixo, os signos estão na seguinte ordem: astrologia cigana, astrologia de caldeus e astrologia dos mestres.

O **GRUPO REGIDO PELA CIGANA SULAMITA** tem a sua correspondência astrológica com o signo de Punhal/Áries/Daga, e seus subchefes são o Cigano Marlos e as Ciganas Celina e Guadalupe.

O **GRUPO REGIDO PELA CIGANA CARMEM** tem a sua correspondência astrológica com o signo de Coroa/Touro/Galardón, e seus subchefes são os Ciganos Carlos e Mirro e a Cigana Conchita.

O **GRUPO REGIDO PELA CIGANA MADALENA** tem a sua correspondência astrológica com o signo de Candeias/Gêmeos/

Canilha, e seus subchefes são as Ciganas Melani e Katrina e o Cigano Ramur.

O **GRUPO REGIDO PELA CIGANA ESMERALDA** tem a sua correspondência astrológica com o signos de Roda/Câncer/Ambages, e seus subchefes são os Ciganos Tizibor e Zeno e a Cigana Paloma.

O **GRUPO REGIDO PELO CIGANO JUAN** tem a sua correspondência astrológica com o signo de Leão/Estrela/Ertredjá, e seus subchefes são as Ciganas Nazira e Tamirez e o Cigano Raphael.

O **GRUPO REGIDO PELO CIGANO ARTÊMIO** tem a sua correspondência astrológica com o signo de Sino/Virgem/Campanjá, e seus subchefes são os Ciganos Hiago e Boris e a Cigana Ilarim.

O **GRUPO REGIDO PELO CIGANO WLADIMIR** tem a sua correspondência astrológica com o signo de Moeda/Libra/Caucha, e seus subchefes são as Ciganas Ísis e Carmencita e o Cigano Gonzalez.

O **GRUPO REGIDO PELO CIGANO MANOLO** tem a sua correspondência astrológica com o signo de Adaga/Escorpião/Sablé, e seus subchefes são os Ciganos Pedrowic e Justus e a Cigana Salomé.

O **GRUPO REGIDO PELO CIGANO SANDRO** tem a sua correspondência astrológica com o signo de Machado/Sagitário/Puzebla, e seus subchefes são as Ciganas Leoni e Zaíra e o Cigano Ramón.

O **GRUPO REGIDO PELA CIGANA NATASHA** tem a sua correspondência astrológica com o signo de Ferradura/Capricórnio/Aparejo, e seus subchefes são os Ciganos Thiago e Júlio e a Cigana Sâmara.

O **GRUPO REGIDO PELA CIGANA YASMIM** tem a sua correspondência astrológica com o signo de Taça/Aquário/Tatjo, e seus subchefes são as Ciganas Ariana e Íris e o Cigano Pablo.

O **GRUPO REGIDO PELO CIGANO RAMIRO** tem a sua correspondência astrológica com o signo de Capelas/Peixes/Templos, e seus subchefes são os Ciganos Diego e Rodrigues e a Cigana Elizabeth.

Estes grandes amigos são bastante conhecidos e vibram geralmente pelo domínio do Mestre do Clã a que pertencem. No entanto, cada um deles tem as suas especialidades mágicas e características próprias advindas de sua vida terrena. Temos também outros amigos, sendo impossível citar todos.

Roda Cigana

Para falar da Roda Cigana, explicarei como ela é feita, mas que todos os leitores saibam de antemão que fazer uma Roda é tarefa de grande responsabilidade. O respeito e o amor ao mundo espiritual são primordiais e indispensáveis. Como os Espíritos Ciganos são distintos entre os mais variados amigos astrais que temos, estes carregam, como todos os outros, características próprias. Por isso, para que se faça esta reunião de evocação desses amigos, se faz necessária uma reunião bem semelhante à que fazem os ciganos que ainda estão encarnados.

Os ciganos encarnados, os que ainda estão nesta nossa dimensão, costumam fazer o que também chamamos de Roda Cigana, ou **Avém Vourdakie Romá** que reúne ao mesmo tempo elementos de ritual e festa. A tradução exata é "Tradicional Roda Cigana". Esse encontro de ciganos é feito para que se faça celebração de algo, e obedece a etapas precisas, como se fosse um encontro espiritual, isto porque a espiritualidade está sempre presente em nossas vidas. Por isso, a Roda Cigana Espiritual é diferente de outros encontros espirituais, diferente de uma "gira" de umbanda, por exemplo, apesar de sua semelhança no ritual.

A ***Avém Vourdakie Romá*** Espiritual ou Ânima tem, entre seus preceitos, uma sequência. Todos são de suma importância e, por isso, todos os detalhes devem ser cuidadosamente preparados para que nossos protetores astrais possam estar conosco por meio da corporificação, com a sua alegria mais pura. A vocês explicarei passo a passo este maravilhoso ritual, do mesmo jeito que há gerações é feito no Clã dos Torres, ***kalons*** de Évora.

Os procedimentos de Abertura e Fechamento são de grande importância, por isto são os primeiros a serem explicados.

Abertura

Procedimento 1

Como já foi dito sobre os Espíritos Ciganos, temos um grande líder, considerado o Rei dos Ciganos, que é o Cigano Wladimir; nenhuma reunião espiritual poderá ser feita sem o seu consentimento ou bênção. Para que eu possa esclarecer o mais detalhadamente possível o que faremos, visualizaremos um quadrado, independente de onde vocês, que são as pessoas que farão a Roda, estão: sala, terreno, terreiro, barracão, praia, cachoeira, lugar de mata aberta, não importa, apenas explicarei como se todos nós estivéssemos num local demarcado em quadrado.

Na porta ou entrada (imaginária), teremos um preceito para pedir ao Cigano Wladimir a proteção para a Roda que se realizará. Colocaremos em uma mesinha bem baixinha, ou no chão, uma toalha pequena ou tapete predominantemente na cor vermelha.

Acima do tapete ou toalha teremos:

- uma espada ou punhal de tamanho médio ou grande;
- um jarro de planta com comigo-ninguém-pode, dinheiro-em-penca, arruda, ou as três juntas, plantadas na terra;
- uma ametista grande;
- um quartzo branco grande;
- um pirâmide de ágata grande;
- uma vela vermelha, lilás ou multicor, com uma base adequada;
- um jarro ou compoteira de vidro, de tamanho médio ou grande;
- duas garrafas de água mineral;
- uma jarra de vidro transparente;
- pequenos vidros das essências de lótus, arruda, canela e sândalo;
- pétalas de rosas vermelhas, amarelas e brancas (uma flor de cada cor é o suficiente);
- um punhado (pequeno) de folhas de sálvia;
- pequenos cristais (pedrinhas) de quartzo rosa, quartzo fumê, citrino, rutilado, água-marinha, amazonita, azurita, berilo, crisocola, diamante, esmeralda, granada, hematita, kunzita, lápis-lazúli, malaquita, opala, peridoto, rodocrosita, rubelita, rubi, sodalita, topázio, turmalina negra, pirita, obsidiana, ônix, olho de tigre, seixo de rio ou cachoeira, pedra de mar, de pedreira, de estrada, de linha férrea e pequenas outras que sejam de sua intuição ou vontade;
- uma garrafa de vinho vermelho espumante;
- uma taça branca grande;
- um cachimbo, fumo e fósforo;
- um tacho de cobre pequeno;
- frutas variadas: maçãs, uvas, peras, bananas, melão (que é a fruta de Wladimir), morangos, figos etc.;

- incensos variados, entre os quais os de limpeza e ópio;
- um prato com uma broa;
- um pratinho de vidro com sal;
- um pandeiro;
- alguns pedaços de carvão;
- folhas de louro;
- três guizos;
- um colar com pingente de Cruz Ansata e uma medalha da Virgem *Sara*;
- três velas grandes — uma vermelha, uma amarela e uma azul, com bases adequadas.

Os itens estando prontos, arrumaremos assim:

Em cima da mesinha com a toalha ou tapete colocaremos o jarro de plantas, com a espada ou punhal cravado na terra do jarro.

Arrumaremos o quartzo branco, a ágata e a ametista em forma de triângulo.

A vela (vermelha, lilás ou multicor) fica ao lado do jarro de planta.

No meio fica a compoteira com os pequenos cristais. Nela serão colocadas a água mineral e gotas de cada uma das essências (metade do vidrinho, se a compoteira for grande, senão menos). Misture e deixe descansar uns minutos; coloque então um pouco das pétalas das rosas misturadas, mas não tudo, e um pouco das folhas de sálvia.

Ponha a outra garrafa de água mineral na jarra de vidro transparente e coloque na mesa de modo que fique assegurado que ninguém irá mexer nesta água, enquanto da realização da roda.

Abra o vinho e ponha na taça em louvor a Wladimir.

Acenda o cachimbo e ponha ao lado da taça.

Ponha ao lado o tacho de cobre com as frutas.

Ponha os incensos espalhados pela mesinha.

Arrume ainda o pratinho com a broa, o pratinho com o sal e o pandeiro.

Do lado de fora do tapete ponha um pouco de carvão (um montinho do lado oposto de onde está a planta).

Espalhe pela mesa as folhas de louro e o restante das folhas de sálvia e pétalas de rosas.

Pendure os guizos no colar e ponha-o na terra da planta ou pendurado na espada.

Acenda as três velas grandes nas pontas do triângulo, ao lado dos cristais que colocou anteriormente.

Estará arrumado o fundamento e segurança de Wladimir.

Cada item representa:

As plantas, a força telúrica do mundo terreno e astral, por onde passam os ciganos e também o elemento Terra.

A espada, a lâmina que tem o poder de cortar todo o mal que porventura esteja no local onde se realiza a reunião.

Os cristais em forma de triângulo representam a Santíssima Trindade, embora cada um exerça sua qualidade: o quartzo branco funciona como catalizador, transformando a energia má em boa; a ametista transmuta sentimentos de ódio em amor e abre a intuição; a ágata faz com que esses poderes sejam ampliados, mostrando a face politeísta do povo cigano que acredita em Deus (**Devel**) e em várias Divindades.

A vela principal é uma homenagem ao Rei dos Ciganos, representando também o elemento Fogo.

A compoteira com os cristais representa o elemento Água, de onde surgem a intuição e a vida do planeta.

O vinho e o cachimbo representam a força e o domínio que os ciganos têm sobre a magia.

Os incensos representam o elemento Ar, necessário para se viver.

O pão e o sal representam o fato de que, enquanto o pão alimentar e o sal tiver sabor, a passagem da raça cigana na terra estará assegurada.

O pandeiro representa a alegria do povo zíngaro.

O carvão impede que espíritos de baixa vibração se aproximem.

As folhas espalhadas pela mesa representam: louro, a vida material; sálvia, a vida espiritual; e, para os sentimentos de amor, as pétalas de rosas.

Os guizos representam, por meio de sua simbologia, que o Rei dos Ciganos esta presente.

A Cruz Ansata é um símbolo egípcio, um hieróglifo que significa vida: o círculo da parte superior exprime a idéia de transcender os limites do plano material para o espiritual. Foi popularizada em Portugal a partir do ano de 1900, pelos ciganos **kalons** de Évora.

A medalha de **Sara** mostra o respeito do Rei dos Ciganos pela nossa protetora maior, a que abaixo de **Devel** decide tudo que é melhor para nós.

As velas coloridas representam a Santíssima Trindade da Roda Cigana: **Devel**, Virgem **Sara** e Wladimir.

Todos que estiverem entrando na roda, para trabalhar ou assistir, deverão, ao passar pelo fundamento de Wladimir, molhar os dedos na água da compoteira e fazer o sinal da cruz, pedindo licença e saudando este espírito, porque este Rei em vida foi cristão.

Os líderes e trabalhadores deverão abrir a Roda com esta oração, em português ou *romani*:

> Deus, pai, criador, que conhece todas as nossas dores, fraquezas, virtudes e impurezas, dai-nos força para que possamos nos conduzir neste momento até a luz da verdade. Faça-nos fortes, senhor, para que caminhemos até vós com o coração puro e cheio

de bondade com o nosso irmão. Que a estrela de cada um esteja no auge de seu brilho nesta hora, que os doentes tenham resignação, os aflitos a solução. Senhor, que estejamos unidos, para receber o benefício do arrependimento, o espírito do perdão, para que possamos atrair bons amigos de acordo com o dever que nos é imputado. Perdoa-nos, pai, aos debochados, aos infernizados, aos condenados por suas próprias convicções, dá esperança para o mundo terreno. Que o teu bondoso coração derrame por todos os lados o amor e a fé. Que nós consigamos nos irmanar à terra, e todo conflito se resolverá. Perfeito Deus, dai-nos a chance de sermos realmente a tua imagem e semelhança. Misericórdia, pai, para os que sofrem, misericórdia para nós que erramos, dai-nos Luz, Caridade, resignação e simplicidade, deixa-nos evocar nossos mestres e amigos e te sentir dentro de cada um de nós nesta hora fecunda e verdadeira. Te amamos, pai. Amém.

__Dieula__, sayo kerava ke evaluar toda trejui doler, flojo, ralea y merimé, de redano kerava ke djibe dad lume y varda. Kerava de redano bató djava até janes conu galochim tchatcho enchido y lachó nostro planorré. Kel estrellja di Zíngaro abelar cumbre lucir ni duito, ke daquipém alar resignación, ke orabar y excipiente. Murrô dahd ilestar y ligazon, thie recaudar o zibó ke remordimeiento. Dinhelar o ānimo aministia. The ke ilestar abelar lachó monró parkaiava de adeudar arnaró impuesto. Aministia sayo ke pesaroso y infiernos, djá abminable abelar armadya, confianza thie del anelumia. Ke thie lachó tzi alar y lado ocanar camepé. Ke arnaró abelar dabadar tchik, e todo amasijo y excipiente. Arnaró exacto __Devel__, ke abelar bitchova varda tu espectro y semblança. Ocanar murrô dahd keles biladiato, dabadar dnui deambular, kerava lume, compasion, resignación, lanezza, e bitchova __barô__ anima, manjaró e planarró e percibir ni nosotros tzi, hora ingeniosa ni varda, camepé sayo, thie diel o __Devel__.

*esclarecimentos da vida **romani** espiritual* **27**

Procedimento 2

No lado esquerdo da porta imaginária onde colocamos a segurança de Wladimir, poremos também uma oferenda para as ânimas gitanas presentes. Colocaremos uma toalha colorida de várias cores, menos preta; em cima poremos velas coloridas de todas as cores (menos pretas e marrons), incensos, água em pequenos jarros com flores e maçãs.

Rezaremos assim:

Rogo às Almas Ciganas que estão presentes que venham com toda a sua força positiva para nos ajudar. Peço pelo dia de hoje, pelas horas que são, pelo Sol mais claro que a Lua, pelo dia mais claro que a noite, que nos protejam de malefícios e feitiçarias, pelo sangue de Jesus, atendam os meus pedidos, e que a Roda Cigana esteja voltada para os sentimentos de amor fraterno e união. Que ***Devel*** esteja conosco. Amém.

*Ocanar ke animas gitanas ke abelar llegar com thie redano zibó, thie no bar lachi y dukata. Dabadar pielo die di hoy, pielo ocasión, pielo Sol but fachó ke shanatú pielo dives but fachó ke lá noche, kereve zibó antes fetiches e **shuvanisji**, per arati del Murro Dahd, currelar murri ke postulación e ke y **Vourdakie Rromá**, alar dron di dijibe camepé planorrí e furunar thie ac devaslesa, thie o **Devel**.*

Procedimento 3

Arrumaremos agora o Altar de Santa ***Sara*** Kali, no meio da mesa principal com os fundamentos dos Ciganos mestres.

Precisaremos de:

- uma toalha branca de renda;
- imagens de Santa **Sara** Kali, Nossa Senhora Aparecida, Santa Rita de Cássia, Nossa Senhora da Conceição, Virgem de Triana, Nossa Senhora de Santana, Iemanjá, São Cosme e São Damião, de Anjos e outros Santos de sua devoção, arrumadas sobre a toalha;
- taças (de cristal, será melhor por sua pureza) com água limpa;
- incensários com incensos da sua escolha;
- um pandeirinho de criança;
- castanholas de fantasia;
- um pequeno pote de vidro com moedas antigas (que contêm a energia do mundo);
- perfumes;
- punhais sem bainha (se algum tiver bainha, ponha-a ao lado);
- baralhos;
- um copo liso com água com sal grosso, tendo em cima uma espadinha ou punhal (quando o sal se cristaliza, significa que a energia negativa do ambiente foi tirada);
- plantas de água em jarros (arruda, flores, jiboia etc.);
- um pote cigano;
- bonecas ciganas;
- cristais (vários), e no mínimo quatro ametistas;
- conchas em água;
- estrelas do mar;
- castiçais com velas coloridas;
- pirâmides;
- frutas;
- fundamentos de cada Mestre que estará presente à Roda.

Os fundamentos dos Mestres são:

PARA A CIGANA SULAMITA: ovos (cozidos e crus), doces brancos e ovas de peixe.
PARA A CIGANA CARMEM: mel, quartzo rosa, castanholas e maçãs.
PARA A CIGANA MADALENA: pão árabe, pétalas de rosas e vinhos.
PARA A CIGANA ESMERALDA: quartzo citrino e grãos crus diversos (grão-de-bico, ervilha, lentilha, arroz com casca, amendoim, trigo e outros, um potinho com um pouquinho de cada).
PARA O CIGANO JUAN: manjar, mingau e água de chuva.
PARA O CIGANO ARTÊMIO: cartas e oráculos diversos.
PARA O REI CIGANO WLADIMIR: melão, erva dinheiro-em-penca, açúcar cristal e moedas.
PARA O CIGANO MANOLO: como ele é chefe de clã, carrega consigo muita conversa e, para as magias, não precisa de nada, ele manda fazer.
PARA O CIGANO SANDRO: cristais.
PARA A CIGANA NATASHA: perfumes e velas.
PARA A CIGANA YASMIM: ervas, fitas, rosas, maçãs e bonecos para magias de amarração.
PARA O CIGANO RAMIRO: *otás* e búzios.

Estes fundamentos citados acima não precisam necessariamente estar todos à mesa, mas ao menos um de cada é preciso. Se o líder da Roda já conhece os espíritos que costumam estar presentes às reuniões, poderão estar também, ao lado de *Sara*, os fundamentos de cada um, não necessariamente esses citados.

Se um ou mais subchefes comparecerem à Roda ou forem os protetores da aura de alguns trabalhadores, ou até alguns espíritos subordinados aos subchefes comparecerem, poderão trabalhar com suas especialidades mágicas normalmente, tendo somente que prestar contas do atendimento, inclusive da magia que se vai fazer, ao Rei Wladimir e a Manolo.

Não estando o Rei Wladimir entre nós corporificado, Manolo deverá presidir a Roda; na falta dos dois, qualquer dos outros dez Mestres terá o controle da Roda, sendo que o líder deve ter a consciência de que o Protegido deverá ser um médium esclarecido, competente, de força mediúnica comprovada e sobretudo comprometido com o bom andamento dos trabalhos astrais, trabalhando sempre na Seara de Cristo, porque é somente isto que nos pedem os Espíritos Mestres.

Poderemos enfeitar a Roda com tapetes, **cherandás**, arranjos de flores e plantas, incensários, tudo isto arrumado do melhor jeito no chão, separando os trabalhadores astrais dos consulentes.

Passaremos agora ao Fechamento

Fechamento

Procedimento

No fechamento da Roda é preciso que o líder esteja apto e atento para que os participantes não saiam carregados ou impregnados com miasmas de espíritos maléficos. É preciso que, após o término das consultas, os espíritos façam, de acordo com os seus fundamentos espirituais, uma limpeza em quem os recebeu em sua aura. Louvem as ânimas presentes. Todos os Espíritos Mestres e pessoas saúdam a mesa de Wladimir e também ele, se estiver entre os viventes. Tira-se da mesa de Wladimir o jarro de água pura imantada, e joga-se um pouquinho na cabeça de cada um, tanto trabalhadores como consulentes. Esta água é destinada para limpeza, firmeza e fechamento da aura de todos os presentes.

A Roda se fecha assim:

O líder vai explicando e solicitando cada passo para que as pessoas saibam o porque de cada procedimento.

Faz-se uma grande roda com todos, inclusive os visitantes e consulentes, de mãos dadas.

Vão ao meio da roda as crianças de até 12 anos, uma ao lado da outra, fazendo um círculo sem dar as mãos. O líder fala:

> A roda de crianças significa o futuro que está presente agora. O fato de não darem as mãos é para que a energia emanada seja benéfica sem interferir no desenvolvimento físico e astral de cada uma, que saiam protegidas e que **Dieula** abençoe o caminho de cada uma destas crianças.

Faz então em volta das crianças uma segunda roda de senhoras (somente mulheres) que estiverem acima dos 50 anos. O líder fala:

> A roda de senhoras, que provavelmente são mães e avós, **shuvanis**, tias, irmãs, primas e amigas de todo tempo, é para mostrar que a cultura cigana preza quem nos embala, considerando tudo o que dizem estas sábias mulheres, que já viveram, amaram, e que continuam por anos a conduzir pela dura jornada da vida; obrigada pelos conselhos, paciência e amor.

Faz-se agora uma terceira roda com todas as mulheres presentes, restantes na roda. O líder fala:

> A roda de mulheres, moças, adultas, maduras é para mostrar a importância do papel feminino na vida dos ciganos, mulheres que vivem sua vida, aceitam e lutam contra as dificuldades, ajudam aos maridos, filhos e irmãos, fazem encantamentos, riem,

tornam a vida na terra mais doce; o poder da mulher faz com que ela possa criar tudo, criança, velho, bicho, feitiço, arte e comida. Respeitando as crianças, as mães, as avós e seu marido, que Deus dê vida e saúde a estas vencedoras mulheres.

Faz-se a roda final com todos os homens presentes. O líder fala:

Na roda da vida, eles são a nossa outra metade, pois Deus fez tudo para que fôssemos a outra parte; a que se completa, a que não é nada sem o amor que nos une. A roda de homens, mostra o respeito e o carinho que nos têm, que têm pela criança, pelo idoso, pelas mulheres, com quem trocam energia e amor, de quem são a outra parte, que se completa. A roda de moços, homens, adultos, maduros é para mostrar a importância dos homens em nossa vida, homens que trabalham, aceitam desafios, lutam nas dificuldades, ajudam as mulheres, filhos, irmãos, as mães, avós, tios, primos, amigos; aos companheiros, homens que nos protegem, nos ensinam, nos embalam com carinho, que seja louvado o poder dos homens, que Deus dê vida e saúde a estes homens lutadores e vencedores.

Agora ocorre uma troca, onde as senhoras da terceira roda (acima de 12 anos e abaixo dos 50) passam para o lado de fora e os homens passam para o lado de dentro, passando a ser a terceira roda. O líder fala:

Nós mulheres, **shuvanis**, ciganas, **gadjis**, louvamos ao Senhor. Que todos ponham as mãos nos ombros das pessoas que estão à sua frente e que neste ato estejam passando a mais pura energia, para que estas saiam desta roda imantadas, dispostas e bem, fisicamente e astralmente; este ato e desejo é um reconhecimento dos laços de amor que unem as criaturas; que Deus abençoe a todos.

*esclarecimentos da vida **romani** espiritual*

Desfazem-se agora todas as rodas, fazendo apenas uma roda grande. O líder fala:

Neste momento, em que os presentes conhecem os princípios espirituais da vida cigana, o respeito pelas crianças, pelos idosos, homens e mulheres, o amor que une a todos, a importância do amparo, convido a todos a um momento de oração, que os amigos astrais estejam aqui, para que neste momento elevemos o pensamento a Deus.

Faz-se a prece para o encerramento da Roda, em português ou ***romani***. O lider ora em voz alta, pausadamente, para que todos possam repetir.

Com a graça de Deus, nosso pai, chegamos ao final dos trabalhos espirituais da Roda Cigana. Elevaremos nossos pensamentos até o Pai, a Virgem **Sara**, e o Cigano Wladimir, pelo que nós recebemos nesta importante hora de nossas vidas. Pai, com o coração aberto de alegrias agradecemos a oportunidade que nos deu os nossos protetores, de se fazer a Tradicional Roda Cigana, onde entramos em contato com as mais sublimes energias do nosso Povo Astral; agradecemos os Raios de Luz, o Sol, a Lua, as Estrelas, a Fogueira, a Mãe Terra e ao Povo Cigano que nunca nos desampara, do Povo que corre o mundo e que nos protege nas estradas de nossa vida; que Deus permita que esta Luz e Paz que sentimos agora esteja sempre no coração e na vida de todos os presentes, hoje e sempre; imantados na força do pai, continuaremos nosso caminho, sem nenhum embaraço; no meu corpo astral a companhia é somente dos Mestres, de Virgem **Sara** e de Deus; assim seja. Amém.

*Ke y zibó di Murrô Dahd djava dji finale thi curripém marajar de Avén **Vourdakie Rromá**. Dinhelar ni varda a Sayo, Lachá **Sara*** *y Zíngaro Wladimir pielo ke dnui aceptar nita grandeza ni duito di arnaró djibe. Sayo y tzi chachipém di goguncho ke gratitud la ocasión ke nos abelar y arnaró batorrés, de kerava cim Avém **Vourdakie Rromá**, hacia mancar com **barôs** pujanza de arnaró Gavó Zibó, gratitud em Ray Lume, Fachó, Xanathú, Yag, Dei Suelo Y Opré **Rromá** ke jamás orfandad, di gavó ke djava el chusma y ke marajar ni destello arnaró djibe, y Diela kerava kalás Lumbre y quietud ke sufrij kaná kalar tchatcho ni tzi y ni djibe ke phralalé **gadjês** e gitanos, di dives e siempre, darbani diezmas em redano de Murrô Dahd, djava ke dron, siem engorro, thie arati y galochim ocanar cim di zibó, ke Lachá **Sara**, thie o **Devel**, Ac Devaslesa.*

Após a oração existe uma confraternização, em que geralmente se divide a comida que foi oferecida e imantada pelos Espíritos Ciganos. Depois que todos comerem ou receberem para levar, é permitido que todos possam ir para casa.

Dos médiuns

A mediunidade pode se manifestar em qualquer idade, como também poderá deixar de acontecer. O poder mediúnico é considerado normal por alguns povos, como o Povo Cigano. E esse poder astral por vezes se apresenta na mais tenra idade. Quando a aura magnética entra em comunhão com o nosso corpo etérico, começa o desenvolvimento da comunicação mediúnica. Seja qual for a forma de mediunidade, o médium expressará o que o espírito traz de mensagem. Sem avaliar o cunho do que lhe foi dado conhecer.

Por este motivo, para se trabalhar na Roda Cigana e mesmo em outros trabalhos espirituais, é preciso que se respeitem algumas regras: nunca trabalhar no desenvolvimento do poder mediúnico/astral por dinheiro e jamais por vaidade; os que se descobrem médiuns que incorporem Mestres Ciganos ou não, devem estudar todas as formas de mediunização, magia e ciência, e escolher o caminho com que mais se identifica, o que seu coração lhe indicar; deve se familiarizar com as forças astrais, conhecer os inúmeros tipos de trabalhos astrais/mediúnicos, saber que todos possuem esta faculdade e estão aptos a esta atividade em diferentes graus — porque não detemos nenhum tipo de poder especial (este poder pertence ao universo).

A crença, a fé e o respeito são fatores preponderantes para quem deseja explorar o poder mediúnico: sem eles não há condições que propiciem a ação. A concentração absoluta para estar em contato com as forças astrais se consegue por treinamento; com o tempo é automático. Estando em processo de desenvolvimento, comece a trabalhar com sua mediunidade. Não tenha pressa, seja passivo e receptivo.

Se você trabalha com algum tipo de oráculo (você mesmo, somente com a imantação dos Mestres, sem estar incorporado), tenha em mente que seu instrumento (oráculo) não tem qualquer poder mágico. A sua força astral, em casamento com as forças do universo, é o que produz o efeito da mediunidade. Ainda no caso do oráculo, guarde-o com carinho para que outras energias não entrem nele.

Acenda uma vela prateada na lua crescente para o seu anjo de guarda, e peça a ele de todo coração que permita que seja aberto o seu canal mediúnico, exercendo trabalhos em linhas específicas (no caso, a linha **Romani**). Tenha muito amor para com as Entidades (Mestres Ciganos Astrais), que lhe oferecem proteção, tenha respeito e amor a Deus acima de todas as coisas, e seja feliz com o despertar de seu poder mediúnico.

Tenha sabedoria para compreender os que chegarem até você. Sinta esta energia Divina por meio do amor. Trilhe sempre o caminho do estudo, sem cansaço ou presunção. Tenha no coração o caminho da fé amando o próximo como a si mesmo.

Enfim aceite sua mediunidade de coração, sem achar que é um dom divino. Porque sabemos que é uma oportunidade dada por Deus, em sua infinita bondade, de podermos, por trabalho espiritual, transformar o nosso Carma (situações nem sempre agradáveis, que têm que ser vividas para nos ensinar valores espirituais) em Dharma (viver essas situações com amor e dar muitas graças pela oportunidade). Aceitar que somos agraciados em poder estar com os Mestres Ciganos, que são potencialmente humanos, de acordo com a vontade divina, e termos infinita certeza de que, ao manipularmos esses poderes maravilhosos com amor e respeito (sabendo que eles não são nossos escravos, e sim o contrário), seremos pessoas melhores e estaremos mais perto da essência do Criador.

Roupas

Em se tratando de roupas e acessórios para a Roda Cigana, o líder tem que estar atento para a regularidade com que é feita a Roda. Digo isso porque, se a **Vourdakie** é feita regularmente, e tem os médiuns participantes já acertados para o evento, claro que excluindo os neófitos, todos já têm suas roupas e acessórios. Sendo feita mais espaçadamente, por trimestre, semestre, ou mesmo anualmente, e caso os participantes sejam convidados, não haverá um espaço de tempo hábil para que o líder coordene os trajes para o evento.

No entanto, é preciso que se respeitem algumas regras básicas, inerentes a todos os Espíritos Ciganos. Não se devem utilizar roupas totalmente negras nem totalmente brancas. A cor negra é considerada uma ausência de cor, e ao mesmo tempo uma cor pesada. Alguns tarólogos preferem a toalha negra para jogar porque esta cor neutraliza possíveis energias que podem interferir no campo do jogo, que deve ser neutro, mas, mesmo com essas qualidades, ela é excluída quando está em totalidade, em se falando de roupas para **Vourdakie**. A cor branca é também excluída quando utilizada em sua totalidade. Essas cores podem ser utilizadas como parte do traje, mas nunca totalmente. Por exemplo, se a blusa é branca, a calça ou a saia devem ser de outras cores, de preferência fortes, e os homens costumam usar, em cima do blusão, o tradicional bolero. Já com a cor negra, o cuidado é ainda maior: ela poderá fazer parte do traje, mais nunca deve ser predominante. Um tecido para calça, blusa, saia ou xale, poderá ter negro misturado em outras cores, mas nunca predominando.

Cada espírito, como vimos, tem a sua vida pregressa e sua história, e pode, devido à experiência de cada um, ter trajes que diferem um do outro, por isso cito os trajes mais comuns dos Mestres, sem que isto se apresente como idéia definitiva. Conheceremos também a dos subchefes e uma maneira cigana de trajar em geral.

Cigano Wladimir

Apesar de maduro, se apresenta viril e sutil, se mostrando apenas quando realmente quer, apesar de seu porte ser de Rei. Ele prefere sempre a cor vermelha nos lenços, e muitos detalhes em dourado, principalmente nos boleros; ama o ouro e está sempre vestido como se fosse festa, nada para ele é simples. Trabalha com essências, frutas e fumo, porém só perfuma a quem julga merecer, já que sua imantação tanto levanta quanto derruba, e às vezes "até o tombo é gesto de quem ama", diz ele.

Os subchefes são:

ÍSIS - ciganinha faceira e bruxa; enquanto sorri, faz os mais inimagináveis feitiços. Suas cores são sempre mescladas de dourado, vermelho e azul, sendo os vestidos sempre de mangas compridas em tecidos mais leves que o restante.

CARMENCITA - grande curadora das dores do amor, elege o rosa, o vinho e o roxo como suas cores; prefere os vestidos espanholados, acompanhados de xales com moedas e guizos, onde pendura por dentro vários objetos para seus feitiços; suas saias têm bainha para guardar sementes, que são armas de magia.

GONZALEZ - cigano que usa, como nos tempos mouros da Espanha, a capa, sendo esta na cor marinho. Quanto à roupa, usa a que tiver, mas a capa é imprescindível, pois, a mando de Wladimir, ele guarda tanto a vida quanto a morte nela.

Cigano Manolo

Por ter um pouco mais de idade, é mais discreto e prefere calça azul-marinho e blusões de seda; os boleros bordados ou de brocado são utilizados somente em dias de festa muito importantes; suas cores preferidas para blusões são o vermelho e o verde. Carrega poucos pertences: a única coisa indispensável que tem este cigano é uma caixa de madeira (tipo de caixa de charutos) em que ele guarda seus objetos e pedidos feitos a ele.

Os subchefes são:

PEDROWIK - conhecido também como Petrowik. Como um grande adorador do sol, sua cor favorita é o amarelo; sua calça quase sempre é de cor azul-índigo e sua blusa predileta é amarela, sempre usada aberta no peito; as cores do arco-íris também são de seu gosto, em tecidos estampados ou lisos.

JUSTUS - sua indumentária é composta de calça azul-marinho (sempre) e blusas de cores lisas, preferindo as brancas e azuis; o bolero é indispensável, sempre bordado, e também o chapéu.

SALOMÉ - é cigana faceira, cigana encarnada; tudo tem que ter a cor vermelha, predominando ou não, pois é a cor favorita desta cigana, sendo que saia e blusa, ou vestido, têm que ter este tom. Carrega uma sacolinha feita do mesmo tecido da roupa, onde guarda moedas, baralhos e cristais.

Cigana Sulamita

Prefere blusa tipo bata com renda, por fora da saia; sua cor predileta é o alaranjado, ou tecidos com tons de amarelo, vermelho e laranja; carrega consigo sempre uma cesta de vime contendo muitas frutas, com as quais ela faz suas magias, sendo que a taça e o vinho também estão entre as coisas que traz na cesta.

Os subchefes são:

MARLOS - como cavaleiro que percorreu muitos lugares, prefere roupas confortáveis, se veste com o tipo "estou preparado para tudo", sem preferência de cor ou roupa específica.

CELINA - esta cigana é ***bába***, mãe de clã, e tem preferência por todas as cores; sua saia é sempre muita colorida, assim como seus lenços, suas blusas quase sempre tem tonalidades puxando para a cor azul; nunca se apresenta sem lenço, porque, além de casada, é devota e serva de **Sara**.

GUADALUPE - sua roupa é sempre feita de retalhos de tecidos, pois esta cigana não desperdiça nada; suas saias são rodadas e coloridas, em sua **guaiaca** traz sementes de frutas com as quais, sob o mando de Sulamita, faz muitas magias.

Cigana Carmem

Por ser natural da Espanha, prefere vestidos bem à moda *flamenca*, com muita roda e babados, sua cor preferida é o rosa mesclado com lilás e dourado; o leque, o camafeu e as castanholas fazem parte de sua indumentária, assim como as rosas que ajeita no cabelo.

Os subchefes são:

CARLOS - como bailarino que foi, prefere os trajes teatralizados, como calça vermelha com as laterais douradas, blusão cigano branco, **diklô** preto e as castanholas que, quando toca, aproximam ou afastam o que quer.

MIRRO - tem-se que a aparência deste cigano seja parecida como a de uma criança; sua indumentária não é conhecida, porque ele é cultuado somente no astral, sem vir à terra corporificado.

CONCHITA - esta cigana é especialista em casos de união, seja de amor vermelho (carnal), rosa (amizade e familiares) ou branco (amor fraternal e espiritual); por isso estas são suas cores favoritas, não tendo preferência por modelos de roupas; não carrega nenhum objeto, porque faz suas magias ao vento.

Cigana Madalena

Por ser de origem árabe, tem em suas roupas muitos detalhes que lembram as odaliscas, apesar de não se apresentar com o ventre exposto; sua cabeça sempre está coberta com um véu fino e bordado, suas saias são de tecidos finos e brilhantes de maneira sobreposta, sua blusa é branca com muitos bordados, e na cintura, em vez do tradicional lenço cigano, ela prefere cinturões e pedrarias à maneira árabe.

Os subchefes são:

MELANI - é cigana moça e prefere roupas tradicionais em tons claros, como rosa, azul-bebê e verde-água, embora a cor verde seja a sua predileta; não usa *diklô* e trabalha auxiliando as ciganas mais velhas.

KATRINA - esta cigana adora trabalhar para casos de amor, favorecendo casais que se amam mas não se entendem; gosta de todas as cores, mas as suas favoritas são o dourado e o vermelho, sendo que o tecido vermelho deve apresentar detalhes em dourado; não tem predileção por tipo de vestimenta, desde que acompanhando estejam muitos colares dourados em seu pescoço.

RAMUR - é um cigano de meia-idade, que não dispensa o penteado de rabo de cavalo, nem o punhal no cinto; sua calça é azul-marinho com laterais douradas; o blusão é estampado bem colorido; usa lenço vermelho, à moda dos piratas, e argola de ouro na orelha esquerda; fala pouco e observa muito; quando tira o lenço é um perigo, quem está errado deve temer.

Cigana Esmeralda

É matrona e feiticeira; tem predileção pelas cores verde-folha e azul-rei, em forma de saia e blusa enfeitada com dourado; carrega uma bolsa com uma faca afiada, com bainha, e uma colher de pau, além de vários saquinhos com grãos e pedras de quartzo citrino, que servem para que ela faça suas magias.

Os subchefes são:

TIZIBOR - cigano *boyásh* espalhafatoso, mandão e perigoso, gosta de cores berrantes na sua indumentária e faz magia com diversos tipos de fetiches.

ZENO - irmão do Cigano Sandro e também dançarino, se veste como o Mestre, com cores berrantes e camisas de babados; com Sandro aprendeu e faz muitos cálculos astrológicos com precisão.

PALOMA - cigana trabalhadora, atua em vários casos. Usa roupas tanto coloridas como lisas; a sua preferência é que tudo tenha sido feito com muito amor. Só não abre mão de seu saquinho onde guarda as mais diferentes magias para os casos em que atua.

Cigano Juan

É um *kaku* poderoso que detém muitos mistérios sobre o bem e o mal. Moreno, ama a cor vermelha, que julga ser cor de poder. Sua calça é vermelha, com blusão de seda de qualquer cor; carrega um *diklô*, onde guarda o *pafeito*, os punhais, o fumo, as panelas de pedra em que apara água da chuva e ervas diversas que são indispensáveis para o seu trabalho astral.

Os subchefes são:

NAZIRA - é uma das ciganas mais procuradas para casos de cura, por isso tudo seu é imantado pelo sol, que é força e energia. Sua cor favorita é o amarelo-ouro, dando preferência sempre aos vestidos.

TAMIREZ - grande quiromante, só carrega um saquinho onde guarda as moedas de seu jogo; ama todas as cores, sua preferência é de saia e blusa de babados, acompanhando sempre bijuterias de moedas, a sua grande paixão.

RAPHAEL - é um cigano poderoso de meia-idade; pela sua vivência, não se prende tanto aos trajes, embora o balandrau (casacão) seja o seu favorito; as cores branca e verde são as suas preferidas.

Cigano Artêmio

Também conhecido como o cigano dos chapéus, nunca se apresenta com a cabeça descoberta, por respeito à Virgem **Sara**. Prefere roupas ciganas tradicionais, cobertas pelos roupões que se usa no deserto. Gosta de todas as cores, mas dá preferência aos listrados e tecidos com frisos dourados. Gosta muito de conversar; então, na preparação de seu traje, haverá, como acompanhamento, jarras e taças para o tradicional chá de hortelã com vinho branco, e almofadas para que ele e seus consulentes possam sentar.

Os subchefes são:

HIAGO - este cigano é rapaz; um músico maravilhoso, seu violino encanta e envolve a todos; trabalha com vários tipos de plantas; sua cor predileta é o azul-rei para a calça, e bolero colorido sem camisa por baixo.

BÓRIS - é um sábio cigano que muito viveu e aprendeu. É discreto. Sua calça é azul-marinho com blusa branca, e não dispensa o bolero de veludo vermelho acompanhado de seu chapéu.

ILARIM - cigana menina, acompanha os grupos e protege os ciganos espirituais e encarnados. Tem predileção por roupas mistas de ciganas e indianas, com coloridos escuros e tecidos finos.

Cigano Sandro

Considerado o dançarino mais belo, é especialista em atender as chamadas pessoas "da noite", orientando, encaminhando, sempre com uma palavra amiga e de consolo. Suas vestimentas são de um dançarino profissional, calças justas de cores fortes e camisas de babados de cores berrantes.

Os subchefes são:

LEONI - cigana menina, protege crianças e pessoas que estão mal afetivamente; prefere tons claros e tecidos brilhantes e leves; sua preferência é pelas roupas ciganas tradicionais.

ZAÍRA - cigana jovem e apaixonada pelo amor, protege os que não são felizes e faz tudo para que venham a ser. Gosta de vestimentas tradicionais, misturando tecidos lisos com estampas; só não aceita tecido dourado em sua totalidade.

RAMON - é um cigano de meia-idade que anda pelo mundo e protege os que estão em viagem; prefere roupas práticas, embora suas cores preferidas sejam marinho, dourado e a faixa vermelha para cintura, assim como o brinco de ouro puro que é indispensável, quando se apresenta.

Cigana Natasha

É a protetora da família e, por estar em liderança em muitos trabalhos, tem o seu próprio grupo. Natasha ama a feminilidade e a fecundidade de tudo; não tem preferência por modelos, desde que sejam femininos e belos. Sua cor é o violeta, assim como sua planta também. Traz consigo uma sacola cheia de perfumes imantados que distribui aos necessitados que atende.

Os subchefes são:

THIAGO - cigano imperioso e mandão, protege os animais das maldades do homem. *Boyásh*, andou pelo mundo harmonizando homens e animais; sua cor favorita é o verde e prefere roupas práticas, sem muitos enfeites, somente o colar de ouro puro lhe é indispensável.

JÚLIO - cigano experiente e comerciante de mão cheia, madrilenho, prefere as roupas tradicionais de sua terra, não dispensando nunca os estampados.

SÂMARA - cigana *shuvani*, do fogo, ama todas as cores, mas sua blusa sempre é de cor vermelha com saia estampada em que essa cor esteja presente; os lenços e xales que usa são sempre franjados e, quando ela os balança, magia está fazendo, tenha certeza.

Cigana Yasmim

É jovem e protege os grupos de ciganos em todo lugar, principalmente quando estão em trânsito pelo mar. Aceita todos os tons de azul, dando preferência aos vestidos, mas, como protege vários grupos, gosta também das vestimentas tradicionais.

Os subchefes são:

ARIANA - é a cigana protetora do amor fraternal e universal; por este motivo prefere as cores rosa, lilás e violeta. Dos modelos ciganos de roupas, aceita todos, desde que sejam feitos com muito amor.

ÍRIS - é a cigana das predições muitas e certeiras; ama a cor vermelha, seu *diklô*, saia e blusa são nesta cor, em tons diferentes.

PABLO - é o padrinho da abertura de caminhos, é um cigano vigoroso e protetor; ama as cores fortes, sua cor é o laranja que representa amor e *louvés*, e o verde que representa a saúde; prefere as vestimentas tradicionais ciganas; o lenço verde é o acabamento do traje.

Cigano Ramiro

Foi um grande viajante do continente africano e nos ensina que tudo à nossa vida se transforma. Cigano experiente, prefere os trajes tradicionais de cores fortes, mas não descarta a cor branca mesclada com estampados e os *ojás* africanos.

Os subchefes são:

DIEGO - este cigano protege as amizades, é jovem e voluntarioso; sua calça é azul-claro, com camisa branca e faixa verde-musgo; usa lenço e chapéu, e carrega uma sacola com velas, cristais, ímãs e frutas, com as quais faz suas imantações e magias.

RODRIGUES - cigano espanhol, conselheiro e amigo, chefe de família de ciganas especialistas em magia. Utiliza calça azul-marinho e blusa vermelha; tem a sua *guaiaca* de veludo onde guarda seu charuto e fetiches; sua maior magia é a do aconselhamento.

ELIZABETH - é a cigana do sol, tem palavras que aquecem as pessoas que estão precisadas; suas cores são o amarelo e o alaranjado; sua preferência é por saias e blusas com lenços franjados na cintura.

*esclarecimentos da vida **romani** espiritual* **47**

Futicos

"Futicos", na linguagem da **Vourdakie**, e em outros trabalhos espirituais que utilizem os fundamentos ***romani***, é a palavra que engloba todo o material físico (paramentos e apetrechos) utilizado pelos Mestres Astrais quando estão incorporados. A palavra em ***romani*** é "tchurirrelar", que significa "objetos", mas como esta forma de cultuar os Espíritos Ciganos não se restringe aos da raça, os ***gadjés***, que são ***romá*** de alma, chamam popularmente de futicos. Conheceremos os futicos ou tchurirrelar indispensáveis para os Mestres.

DE SULAMITA: Cueiros, mel, potes de vidro transparente, doces, facas, anis, frutas gêmeas, ervas variadas e fogueira ou fogo de tacho.

DE CARMEM: Mel, quartzo rosa, castanholas, maçãs, almofadinhas de coração, colares de ouro, champanhe, arroz com casca e fava pichulim ralada.

DE MADALENA: Pão árabe, pétalas de rosas, vinhos, hortelã, moelas de frango fresco, cigarrilhas, almíscar, ervas e garrafas brancas transparentes.

DE ESMERALDA: Quartzo citrino, e grãos crus diversos (grão-de-bico, ervilha, lentilha, arroz com casca, amendoim, trigo e outros), um potinho de vidro, romãs, doces finos, moedas, açúcar cristal, ovos e ímãs.

DE JUAN: Manjar, mingau, água de chuva, cachimbo, dados, taças, moedas, facas, vinho e pão.

DE ARTÊMIO: Cartas, oráculos diversos, pirâmides, cristais, maracujá, chá, fitas coloridas, taças e tacho de cobre.

DE WLADIMIR: Melão, erva dinheiro-em-penca, açúcar cristal, moedas, vela vermelha, pirâmides, ouro, punhal e vinho.

DE MANOLO: charutos, moedas, vinho, lenços, rosas, tachos de cobre, recipientes de vidro transparente, cristais e baralhos.

DE SANDRO: Cristais, ervas, cromoterapia, astrologia, água mineral, perfumes, punhal, fitas e frutas.

DE NATASHA: Perfumes, velas, miniaturas de lua, taças com água, frutas diversas, objetos indianos e orientais, corujas (de cristal), gatos (objetos e vivos) e ervas.

DE YASMIM: Ervas, fitas, rosas, maçãs, bonecos para magias de amarração, pão, ervas, orações e corações de cristal e ouro.

DE RAMIRO: *Otás, ibás,* búzios, baralhos, mel, avenca, moedas antigas, potes de vidro branco transparente e um grande quartzo branco.

Lugar específico

Para saber do lugar específico para se fazer uma Roda Cigana, é preciso levar em conta quem está fazendo, ou seja, liderando. Se a pessoa é sacerdote de alguma religião de raiz africana (umbanda ou candomblé) e tiver uma casa de santo ou terreiro, desde que cumpra todos os procedimentos necessários e que o rito não incomode ou interfira no *habitat* dos amigos astrais donos da casa, é possível que o terreiro seja utilizado.

Se a pessoa é um líder, oraculador ou mesmo sacerdote, e está preparado para lidar com essas forças astrais, é possível que se faça no átrio de uma casa grande.

O melhor lugar, no entanto, é mesmo ao ar livre. Num sítio, chácara, quintal, parque, mata, cachoeira, campo ou praia. No caso de ser ao ar livre, independente do lugar, tomem cuidado para sempre preservar a natureza.

Verifiquem primeiramente as possibilidades do lugar: incomodaremos alguém? Alguém ou algo nos incomodará?

Verifiquem as condições de segurança: é um lugar seguro para estar com senhoras e crianças?

Tomem cuidado com animais.

Levem tudo o que for preciso. Cadeiras de armar serão levadas ao local, para os idosos, gestantes e mulheres que estejam na condição de recém-mamães, e também tapetes ou tecidos tipo canga para os demais.

Levem água suficiente, com modo de conservação para que esteja sempre fresca (os trabalhadores espirituais sentem muita sede).

Levem comida leve e bem acondicionada.

Levem uma pequena farmacinha com álcool, algodão, antigripais, remédios para dor de cabeça e enjoo, curativos adesivos, pomada para dores musculares, analgésico infantil e adulto, esparadrapo, repelentes de insetos, tesoura, absorventes e outras coisas comuns que possam ser de utilidade.

Músicas ciganas, além de serem bem recebidas, são fundamentais no andamento da **Vourdakie**; vejam como poderão levar.

Demarquem uma grande roda (desenhada no chão) para que todos fiquem dentro dela.

Arrumem tudo. Todos trabalharão nesta etapa, carregando, ajudando, arrumando.

Façam uma fogueira pequena, no sistema de fogo de chão (dentro de um buraco, feito no chão). Ao acender velas, tomem cuidado para que não provoquem incêndio.

Façam seu ritual com amor e respeito.

Ao sair, recolham tudo o que foi utilizado e arrumem em seus devidos lugares.

Recolham o lixo (não deixem de levar sacos específicos para isso).

Não deixem velas acesas: se não queimarem todas, apaguem e levem para casa, onde poderão acender de novo. A fogueira deverá ser apagada, e o buraco com as cinzas deve ser tapado, pois assim o carvão pode voltar à natureza, em nova forma.

A comida restante deverá ser toda distribuída entre os presentes, tanto a do ritual como a que for levada para as pessoas. Idosos, crianças e gestantes têm prioridade na distribuição. Depois, o que sobrar é dividido entre os demais.

Lembre sempre que toda a comida esteve sendo imantada durante todo o tempo em que esteve sendo feito o trabalho espiritual. Ao comer, não pense que será somente um alimento qualquer; saboreie, faça seus pedidos em silêncio, coma com prazer. Os ciganos costumam dizer que, quando nos alimentamos, o corpo se alimenta, mas quem se nutre é a alma. Por isso, não desperdice essas propriedades astrais que estão ao seu alcance.

Temos todo esse cuidado ao explicar sobre o lugar para se fazer a **Vourdakie**, para que possamos usufruir o que a natureza nos oferece sem agredir esses locais procurados não somente por nós, mais por inúmeras pessoas que fazem trabalhos espirituais nas mais diversas linhas que existem.

O cuidado da saída do local é tão importante quanto o rito em si. Ao sair, devemos deixar o local como estava, ou em condições melhores: a limpeza é fator fundamental. Assim estaremos demonstrando nosso respeito, amor e entendimento da mensagem que os Mestres Astrais nos passam.

Liderança

Há tempos que o ser humano "trabalha" com a força dos Ciganos Espirituais nas mais diversas linhas. E de diferentes modos, pelo fato de que muito já se disse sobre essas forças em jornais, programas de televisão, terreiros, **tsara**s, e livros em grande número foram escritos. Além do que aprendemos oralmente nas terras destes "Brasis" que aí estão. Por isso o líder deve estar preparado para o contato com essas forças, que é tarefa de grande responsabilidade, e por esse motivo deve tomar alguns cuidados.

O líder deverá, três dias antes, começar sua preparação, que consiste em abster-se de álcool, fumo, sexo, carne e brigas. Quando mulher, não poderá estar menstruada, grávida nem recém-parida. No dia, deverá ter espírito, corpo e alma voltados para a ***Vourdakie***, sem nunca estar em dúvida.

Na realidade, ainda há muito a fazer e aprender, por isso o que cito aqui aos irmãos é genérico e, não deixo de reconhecer, óbvio. Mesmo assim, são etapas que valem a pena ser repetidas, porque muita gente, por desconhecimento ou por motivos escusos, não as segue.

Além de toda preparação, o líder deve ter estudo iniciático, ou o que for. Quando estivermos trabalhando com a energia dos ciganos, teremos que seguir algumas exigências para o nosso próprio bem.

- Respeitar seriamente os princípios básicos do que está seguindo ou fazendo.
- Tomar posição por ações quando estiver trabalhando na seara da caridade espiritual.
- Não ser embusteiro.
- Não se julgar mediunicamente mais forte que os demais, ou crer que o seu Protetor Astral é melhor ou mais forte que outros da Roda.
- Não incentivar desentendimentos entre os confrades.
- Se estiver jogando, traduzir fielmente o que disserem as lâminas.
- Não estar com vestígios de excitação sexual.
- Estar sem ter ingerido álcool.
- Estar sem ter tido relações sexuais no dia.
- Não ter vindo de enterro.
- Mulheres não devem estar menstruadas (menstruação é considerada tempo em que a mulher sofre uma baixa energética e fica mais vulnerável).

- Saber que mulheres grávidas devem ser resguardadas. Podem assistir a **Vourdakie** como consulentes, nunca trabalhando, não podendo em nenhuma hipótese fazer magia. Devem ser preservadas desde que se souber que estão grávidas até o final do resguardo.
- Não trabalhar sob tensão nervosa.
- Não trabalhar obrigado e nem de má vontade. Trabalhe por amor ao próximo, a Deus e aos Espíritos. Se assim não for feito, não terá nenhum valor (ir trabalhar e ficar reclamando e maldizendo o tempo, além de ser desagradável, e errado, é prejudicial, porque isso fica gravado no etérico da pessoa e da Roda).
- Tenha compaixão, mas não minta, seja sempre de sinceridade absoluta.
- Evite fazer a **Vourdakie** nas segundas-feiras.
- Sexta-feira Santa, além de proibido, é mau presságio e falta de respeito.
- Consulentes e médiuns deverão estar de corpo limpo fisicamente.
- Nunca trabalhar durante o carnaval. Além de perigoso, é desrespeitoso.
- Não receber presentes profanos.
- Respeitar todas as religiões.

Quando estamos trabalhando espiritualmente, além de todas as precauções e proteções que temos, é imprescindível acender uma vela para nosso anjo guardião.

Nos trabalhos espirituais de qualquer natureza, temos que firmar nosso anjo da guarda para que nada de mal nos aconteça. E conforme as nossas posses, se não podemos acender velas sempre, façamos uma oração do fundo do nosso coração, e seremos atendidos.

Trabalho espiritual de atendimento

Do atendimento

Separe os casos mais complexos, que precisarem de uma energização separada, e junte os demais ciganos e médiuns que estiverem presentes para ajudar a imantar as pessoas. Uma vez que os Mestres estão nos amparando, ensinando e esclarecendo, é de obrigação do médium saber que esses espíritos estão em evolução astral e trabalham duro para alcançar o patamar das energias sublimadas. Para estar no caminho que proporcionará este alcance, é preciso que estejam ambos — médium e espírito — no caminho da caridade, na seara de Cristo. Isto é responsabilidade do médium, procurar o caminho do Cristo, para que tenha um bom lugar para sua alma e para sublimação de seu Guia ou Espírito Protetor.

É provado que este intercâmbio, que favorece a troca de favores de alma para alma, gera a moeda de evolução astral bem-sucedida, quando não tem fins escusos ou vaidosos.

Da relação com os protegidos

Os Espíritos Ciganos são entidades que já passaram por uma série indescritível de dificuldades; que, quando chamadas ao trabalho, chegam com muita disposição, fazem tudo que estiver ao seu alcance para ajudar. E, devido à sua grande vivência entre os seres humanos e ao desejo de servir, quase todos são especializados em tudo.

São tolerantes, não se aborrecem facilmente, fazem tudo pelo bem viver das pessoas; somente quando muito "bravos", castigam dando indiferença seja a quem for. Mas em geral são muito calmos e simpáticos.

Já eram grandes conhecedores natos da fitoterapia bem antes de que ela existisse como ciência.

Com seu vasto conhecimento astral e percepção aguçada, nos auxiliam nos casos mais intrincados, nos orientando. São sabedores de um rico repertório de orações, encantamentos e simpatias, que nos ensinam para aliviar os nossos corações.

Este trabalho com os Mestres Ciganos Espirituais tem ar sutil que vibra com três poderes que são muito fortes: vontade, razão e sensibilidade. A essência espiritual atuante interage com os seres vivos por meio do pensamento, é a centelha do universo que independe da matéria e, por isso, conserva, após a morte, a individualidade, a consciência de moral, virtudes, defeitos e vontade de seguir o caminho árduo que os levará até as energias sublimadas ou não.

Os que estão entre os que preferem trabalhar para alcançar o mais alto patamar, na maioria das vezes trabalham por meio de quatro sentidos muito conhecidos na mediunidade. São eles: Visão, Audição, Intuição e Telepatia. Os Espíritos Ciganos purificados trabalham sob as bênçãos de **Dieula** e, mesmo por vezes fazendo parte de trabalhos em falanges de Entidades, de planos vibratórios que têm poderes de adentrar em todas as zonas espirituais, utilizam esses sentidos e, independente de dogmas, concebem a mais pura inspiração Divina.

O Povo Cigano do astral tem uma linha própria e sua morada mais original fica nos descampados; pelo fato de serem bem recebidos pelos chefes de terreiro astrais e encarnados, estão sempre trabalhando lado a lado com quem ama verdadeiramente a "Seara de Cristo".

Teremos que ter cuidado também com o uso de álcool e fumo, comuns em diversos tipos de culto e também na **Vourdakie**. No entanto, o uso indevido interfere imediatamente na capacidade de concentração, imparcialidade e veracidade da força mediúnica que se faz presente entre nós.

A mediunidade já foi abordada no decorrer deste livro, sendo descrita como tarefa de grande dificuldade; essas substâncias perigosas podem fazer com que quem estiver se desenvolvendo se "perca" nos caminhos mediúnicos, por falta de firmeza, pela excitação (não conseguem se concentrar, se abandonar de corpo e alma), e assim a energia dos espíritos é sentida parcialmente.

É sabido, desde os tempos imemoriais, da utilização de substâncias alucinógenas em diversos tipos de rituais, que visavam o relaxamento que se supõe facilitar a aproximação de energias mágicas e estranhas ao corpo físico do homem. Ao estarmos trabalhando com estas energias, temos que primar para alcançar este estado harmônico, sem que, contudo sejamos tomados totalmente; quando alcançamos um bom resultado, acontece de estarmos "robotizados", sem comando de nossas ações, numa sensação de sonolência muito forte, como se fosse um sonho distante; e ao "voltarmos" para a posse de nossa consciência, ao ouvir a voz de outro participante da roda, é como se acordássemos de um sonho do qual muitas vezes não conseguimos lembrar.

É neste momento que o uso do álcool e do fumo deve ser feito com muita parcimônia. No momento em que ingerimos estas substâncias, o nosso campo áurico é "minado", criando-se subterfúgios imensos e alguns casos até delírios, conforme a quantidade etílica consumida. Essas substâncias também não deixam o médium discernir a característica energética da sua entidade de proteção.

No caso de álcool e fumo, defendo a utilização de água de coco, ou água comum, para suprir o corpo físico do médium, já que é substância de aceitação geral entre as entidades, e podemos dar álcool e tabaco na mesa de Wladimir ou ao lado da entidade incorporada, já que esta "suga" as substâncias do astral, não havendo necessidade de passar pelo corpo do médium. Assim melhora-se a capacidade de entrega e evita-se vampirização de energia etérica e física.

Danças e limpeza astral

Como já foi dito no decorrer deste livro, na Roda Cigana, música é fundamental; músicas e cânticos essencialmente ciganos, em versões de muitas partes do mundo, serão colocados em volume baixo ou cantarolados e tocados em voz baixa. No momento em que os Espíritos Ciganos derem ordem para que o festejo tome forma, o volume poderá ser aumentado, e a alegria destes se fará presente em muitas formas, desde o sorriso até a energia sutil que emana ao bailar e que será sentida fortemente pelos presentes.

A musicalidade para os ciganos astrais ou encarnados tem a mesma dimensão de importância; nada se faz sem música, se canta para nascer, casar, morrer, sofrer, alegrar, viver. A musicalidade dos ciganos tem uma origem com influência de vários povos; algumas das influências mais conhecidas são: árabe, húngara, judia, espanhola, grega, romena e indiana, entre muitas outras. Tem características bem marcantes, variando do tom mais festeiro ao sofrido lamento gitano, dependendo para o que se canta.

O violão, o violino e as castanholas são apreciados pelos ciganos encarnados e astrais, assim como as cantorias tradicionais, como **Kolompiri**, **Lutsari**, **Gary gary** ou **czarda**, e ao ouvir estes cânticos e muitos outros, os Mestres começam a esperar o toque da **bába**, ou das **shuvanis**, que é o balançar das pulseiras pedindo assim permissão a **Dieula** para dançar. Por meio da dança, que pouco difere das danças dos ciganos encarnados, os Mestres, em cada movimento sabido somente por eles, fazem a limpeza astral. Os ciganos em geral, deste mundo e do outro, ensinam que *esclarecimentos da vida **romani** espiritual* 57

dançar fortalece, traz leveza e espanta as energias más. É quase uma espécie de oração.

Os ciganos, tanto encarnados quanto espíritos, adoram festas; as mulheres colocam suas melhores roupas, várias saias sobrepostas, já que o recato é permanente. Usarão as mais coloridas, com suas pratas e ouros, e soltarão seus cabelos de grande comprimento e beleza. Os ciganos usarão suas melhores botas, suas calças de cor mais escura e blusas de cor berrante bem passadas, com boleros de brocado e chapéus.

Haverá barulho, risadas, danças, pandeiros e sapateado. As castanholas ecoam no **bródio** com seu trote, com a sua alegria pela ***Vourdakie***.

Ao redor da fogueira, os espíritos ciganos e de ciganas mais novas dançam, meneando os cabelos; sua dança tem por base o movimento das mãos, dos ombros, dos seios e do balançar de suas saias. Os ciganos, mesmo em espírito, não dançam por obrigação, e sim pelo prazer. Todas gostam de dançar, principalmente quando encarnadas, se são solteiras, pois a boa dançarina é considerada um bom partido. Por este motivo, dançam sempre dando pausas para serem avaliadas pelos idosos, que também dançam. Em outra roda, ao redor das ciganas, é a vez dos zíngaros mostrarem uma dança vigorosa de passos marcados, cheios de masculinidade.

A cada passo, estes espíritos fazem movimentos de limpeza astral, para os seus protegidos e para outras pessoas que estão participando da Roda assistindo; quando um destes Mestres Astrais chama uma pessoa para dançar, o convite não pode ser recusado. Ainda mais quando dançam em volta da pessoa. Esta pode ter a certeza que esta sendo agraciada com uma energização da mais alta força sublimada, da força cigana mais pura. Os espíritos que pitam o ***pafeito*** muitas vezes ficam de fora incensando os convidados com a sua fumaça astral que, aliada à energia desprendida dos que bailam, faz com que toda energia estranha ou maléfica dos presentes seja retirada. Por isso é comum que, ao término, os trabalhadores (médiuns) e participantes estejam cansados, mas com uma incrível sensação de leveza e tranquilidade.

Alimentação

A alimentação é parte muito importante para os ciganos. Da vasta cozinha cigana tradicional, poucos pratos podem ser servidos neste encontro da Roda (enquanto ela estiver sendo feita), porque a cozinha cigana tem pratos deliciosos, porém substanciosos em demasia para quem está em contato com as forças astrais. A comida leve, tradicional ou não, é a mais indicada. Após a Roda, podemos saborear uma refeição mais elaborada. Só não podemos deixar de entender é que **Vourdakie**, além de ser um encontro espiritual, deve ser também uma forma de festejo; assim, os dois tipos de culinária podem estar presentes, nós só temos que ser cautelosos escolhendo a hora certa de comer e o que comer.

Chá cigano tradicional

O **tchayo romanô**, mais conhecido como chá cigano tradicional, é presença obrigatória. Sempre presente em qualquer tipo de rito cigano, o chá é o "Rei das Bebidas". Sempre muito apreciado por todos, deve ser feito em grande quantidade e em variedade de tipos.

Usamos sete ingredientes para este chá, todos com significado:

- água para purificar,
- chá (preto ou mate) para alimentar,
- maçã para o amor,

- uvas para fertilidade (de tudo, ideias, criação etc.),
- damasco como afrodisíaco,
- limão para afastar a negatividade,
- morango para trazer felicidade.

Faça o chá normalmente, em jarro ou chaleira grande.

Coloque as frutas, cortadas em pequenos pedaços, num copo de vidro alto, derrame o chá suavemente, vá amassando com delicadeza as frutas, para tirar o sumo, e firme o pensamento em coisas positivas. Transfira o chá (somente o líquido) para uma tiaritza ou um copo, e beba com alegria. As frutas podem ser comidas.

Pode-se acrescentar diretamente, na hora de feitura do chá alguns cravos-da-índia, que trzem prosperidade (além de dar um sabor maravilhoso). Quando for servir, pode-se adicionar um pouco de uísque (uma dose), para os homens que desejarem.

Outros chás usados pelos ciganos

CHÁ DE ERVA-CIDREIRA é calmante, abaixa a febre, é ótimo para cólicas menstruais e harmoniza os **chakras**.

CHÁ DE PÉTALAS DE ROSAS abre os canais para amor, compreensão, paciência com crianças rebeldes, problemas de desarmonia conjugal.

HORTELÃ é um excelente chá para ajudar na digestão, naqueles dias em que abusamos um pouco. Bom para o fígado de quem ingere álcool.

CAMOMILA é calmante por excelência. Também é ótimo para gripes, e dores musculares, acalmando os bebês que estão assustados por forças astrais.

CHÁ PRETO, misturado com alguns cravos-da-índia e um pauzinho de canela, nos eleva espiritualmente, e é apropriado para términos de rituais

Regras gerais

Para continuar falando de alimentação, precisamos respeitar algumas regras também na feitura dos alimentos. Quando estamos na cozinha, principalmente em reuniões, existem algumas regras.

A maioria de nossas colheres que vão ao fogo é de pau (por causa da energia benéfica da madeira). Se uma mulher começa a fazer comida, deverá ir até o fim, pois a panela não deve ser mexida por outras mulheres, para que as energias misturadas não cheguem à comida. Mulheres menstruadas não podem cozinhar, para não passar energia aos alimentos e sofrerem baixa energética. Estaremos cantando e rindo para que os bons espíritos abençoem a nossa refeição. São de responsabilidade dos homens os assados na brasa em geral.

A distribuição da comida será feita aos idosos, às grávidas e às crianças primeiro. Daremos aos nossos vistantes antes da refeição (enquanto a **Vourdakie** estiver sendo feita): chás, biscoitinhos e mimos em geral. É bom tratá-los como queremos ser tratados.

O que não pode faltar

SEMENTES: nozes, castanhas de caju, **daneras**, amendoins, avelãs etc.
FRUTAS VERMELHAS: framboesas, morangos, uvas, maçãs, ameixas etc.
FRUTAS EM GERAL: frescas e cristalizadas.
DOCES: figos secos, geleia de goiaba, **maamoul** de Madalena, de menta, doce de abóbora (duro ou em compota), bolo de coco, e outros tipos a escolher.
PÃES: sírio, francês, torradas e broas.
BEBIDAS: vinhos, água, chá (quente ou gelado).

COMIDAS LEVES SALGADAS: *sarmi at parunhó, catjhó tchaval, zujemia* e *iakna*.

FRIOS: embora não façam parte do cardápio tradicional dos ciganos, são muito bem-vindos. Em geral podem-se servir todos os tipos de frios, sendo os preferidos: copa, presunto, salaminho e queijos picantes.

A hierarquia da roda (trabalhadores e *barôs*, consulentes, ânimas presentes, magias e ensinamentos dos mestres)

O trabalho espiritual de atendimento deve estar de acordo com a hierarquia da Roda, sendo sempre separado em etapas classificatórias.

O tempo de duração de uma *Vourdakie* é de geralmente quatro horas. Dentro deste tempo, e antes do começo, o trabalho deve ser classificado. Primeiramente todos devem passar por uma energização antes de serem atendidos. Para os que forem participar só assistindo, a energização é suficiente. Sempre ao dar atendimento, os princípios da raça cigana devem estar constando e valendo, dando preferência a crianças, idosos, grávidas e recém-paridas, para depois dar atendimento às mulheres e aos homens, claro que observando os casos especiais, como deficientes ou doentes.

Os atendimentos com os Mestres Ciganos Espirituais incorporados devem ser organizados e classificados. A organização deve constar de atendimento com os Ciganos (uma lista), dos Ciganos com oráculos (outra listagem) e uma terceira opção em que o Mestre atende com oráculo e orienta a pessoa ao mesmo tempo (uma outra lista).

Para que não haja embaraço, o sistema de fichas ou ordem de chegada facilita bastante.

Nesta organização deve-se levar em conta também o que dirá o Mestre que estará dirigindo a *Vourdakie*, inclusive na questão da *salva*. Quando estamos trabalhando com qualquer tipo de trabalho astral, aparece a questão do metal, a paga, salva ou preço pela consulta que estamos dando. Penso que esta seja uma questão particular, mas vou expressar minha opinião sobre o assunto em geral, opinião esta que não se aplica à Roda Cigana, em que acredito firmemente que o atendimento deva ser gratuito. No geral, se o médium é um conselheiro espiritual e tem a sua vida financeira em separado, deve pedir uma quantia. Se a pessoa faz de sua vida uma vida financeira através da profissão de oraculista, deve colocar um preço em suas consultas (afinal, precisamos do metal para viver). Em todos esses casos, temos que saber que o tempo em que estamos trabalhando poderia ser direcionado a outras atividades, então é justo que tenhamos um mínimo de pagamento, para poder até repor materiais gastos como incenso, velas etc.

Depois do atendimento às pessoas que assistem, a hierarquia fica assim: primeiro, os **barôs** e **bábas** podem tirar a sua consulta ou aconselhamento. Segundo, outros médiuns que venham a ser consulentes. Terceiro, podem todos fazer a louvação (música, canto, dança) para as ânimas presentes (corporificadas ou não). Quarto, as magias de todos os presentes que serão feitas na ocasião da Roda. Quinto, conselhos de magias ou marcação de consulta para outro dia.

Esta questão da hierarquia deve ser levada muito a sério, lembrando que o aconselhamento, sendo feito pelo espírito cigano ou pelo cigano encarnado, tem uma grande responsabilidade e peso na vida do consulente.

A grande responsabilidade é de orientar, acalmar, esclarecer e ajudar, além de sempre ter obrigação de fazer de seu trabalho astral um confessionário. Fazendo isto sempre, principalmente quando for assunto de jogo. Os verdadeiros ciganos, sendo espirituais, de sangue ou de alma, terão sempre o compromisso primordial de acalmar os anseios, removendo quaisquer danos astrais na aura dos que vêm ao encontro da mão amiga, já que os problemas que atravessamos durante a nossa existência terrena não são poucos. Para isto temos que tomar posição e provar, por ações, que o nosso esforço vem para trabalhar na seara da caridade. E dentro da **Vourdakie**, respeitar as hierarquias e praticar magias para o bem. Mantenha sempre a retidão de caráter e a moral pessoal e pública ilibada em todas as situações, principalmente no trabalho astral, por meio dos ensinamentos e hierarquia.

Ao fazer a magia, explique tudo para o consulente e faça com que este colabore com ela. Seja sempre solícito, amoroso e dê o que você quer receber de bom coração, para que haja uma troca de energia entre você e o universo. Quando faz uma magia, para você ou para outrem, haja o que houver, acredite, Deus está conosco nos guiando pelos melhores caminhos. Mesmo que o nosso livre-arbítrio nos leve a caminhos que nos façam sofrer, **Dieula** está conosco, e tudo somente acontece com a permissão dele; nada acontece, por mais que seja do nosso querer, se não houver sua permissão.

Parte 2
A magia dos ciganos

A magia de cada um no trabalho em outras linhas

O Povo Cigano, este povo astral cheio de magia, que acredita em reencarnação e tem muitas outras crenças espiritualistas, tem as suas próprias entidades, que são seres, espíritos em evolução e que procuram o esclarecimento espiritual. Trabalhando no astral e, diga-se de passagem, trabalhando muito, são imensamente queridos por nós (***romás*** e ***gadjós***) enquanto descansam carregando pedra.

Estes trabalhadores astrais sempre protegem os clãs que ainda estão entre nós, mas, como seres astrais elevados, protegem pessoas que nada têm a ver com o povo cigano. Por quê? Porque são pessoas que precisam de ajuda, pessoas que estão precisando de uma palavra amiga, um gesto de consolo. Assim, esses espíritos vieram a entrar em correntes diversas da espiritualidade, em sua maioria em religiões de origem africanas: umbanda, candomblé etc.

Por terem algumas afinidades e serem recebidos com carinho por chefes astrais e encarnados, que precisam de ajuda para ajudar pessoas aflitas, esses espíritos começaram a entrar na aura de seus protegidos, para que se pudesse fazer caridade; e muitas vezes até em linhas não apropriadas, como, por exemplo, na Gira de Exu, trabalhando com nomes que fossem facilmente identificáveis para seus médiuns e clientela, como Exu Wladimir, Pombagira Cigana etc.

No trabalho cigano espiritual, quando em outras linhas, por vezes a falta de entendimento faz com que possa ocorrer uma certa confusão. Algumas vezes, os espíritos ciganos não têm outra linha para entrar na aura de seus protegidos, e por isso tomam emprestada a linha dessas entidades irmãs, chamadas carinhosamente de Exus e Bombogiras. Aceitam a *digina* de Santo, tanto na umbanda quanto no candomblé e na quimbanda, não dizendo seus nomes verdadeiros, que eram os mesmos nomes que tinham esses espíritos quando encarnados. Acontece também de a entidade não querer ou não poder dar a revelação; assim sendo, no seu tempo, a entidade revela ou não, para o protegido, mas sempre o levando a trabalhar numa linha de acordo com a sua espiritualidade. Por exemplo, a Ciganinha da Rosa Vermelha da Estrada poderá ser a Cigana Ilarim, revelada no seu devido tempo.

Sendo trabalhadores astrais adaptados momentaneamente em outras linhas, utilizam a magia da linha mesclada com a magia cigana.

Mesmo utilizando linhas diferentes, geralmente procuram "terras" por afinidade etérica, conduzindo seu protegido para aquelas em que mais se sentem à vontade. Não tendo que aceitar fetiches que são comuns nas linhas das religiões de raiz africana, a magia destes Mestres, mesmo nestas linhas, é diferenciada pelas bases. Geralmente não aceitam ejé (sangue), parati (cachaça), pactos, assentamentos, curas ou feituras.

São entidades que tratam os consulentes e clientes na base da palavra dada, já que a honra é tudo para um cigano, principalmente em espírito. Os espíritos ciganos, quando em outras linhas, aguardam e direcionam o médium para uma linha mais adequada e, enquanto isso não acontece, vão trabalhando como podem, incluindo o máximo de magia *romani* pura em seu trabalho: elementos como frutas, ouro, moedas, água de chuva ou de nascente passam a completar o trabalho normal em conjunto com outras entidades.

O desenvolvimento da incorporação e as características do manifesto de cada um

Falar sobre o desenvolvimento da incorporação é difícil, devido ao caráter pessoal de cada entidade espiritual, de modo que farei um apanhado do que, nestes anos de convivência com as forças astrais, observei ser comum a quase todos os tipos de entidades que têm permissão para "chegar" até o protegido/médium de forma corporificada.

A pessoa que tem como missão na Terra tornar o convívio destes Mestres astrais mais próximo para os seres encarnados tem uma grande responsabilidade por ser médium incorporativo.

O desenvolvimento geralmente é acompanhado de um estudo iniciático, confirmado por meio de oráculos e, por vezes, quando a mediunidade é evidente e trazida pela pessoa desde o berço, é confirmada pela própria entidade que o introduz no meio espiritual. Apesar disto, falarei sobre o início do processo de incorporação, como se dá geralmente.

A pessoa começa a sentir as irradiações dos ambientes, percebendo que aflora de repente uma sensibilidade maior que a das outras pessoas. Isto pode se dar em qualquer idade, pois independe desse tipo de fatores. O médium começa a sentir muitas coisas antes que elas aconteçam, as sensações são frequentes, por vezes até mesmo assustando quem está no trânsito do processo.

Pessoas que estão com sua mediunidade evidenciada sentem a força das energias presentes em qualquer local. Boas ou más vibrações são imediatamente sentidas e, se a pessoa não sabe o que está acontecendo, pode sentir sintomas como dores de cabeça, sono, irritação, e ninguém parece entender o que se passa. É o começo da jornada canalizadora de forças astrais.

Quando a pessoa traz para si condições para que o desenvolvimento da incorporação se dê, esta fica mais suave e fácil. Isto pode se dar através dos conhecimentos adquiridos. Como? Lendo, se informando, conversando com pessoas sérias, meditando, buscando entender sem repelir o que está acontecendo.

Quando falo de desenvolvimento específico da Linha de Espíritos Ciganos, lembramos que, por ser uma linha pura e da qual muito precisamos aprender, temos que saber que esses espíritos são muito inteligentes e que, por estarem num patamar de astralidade mais sublimada, descartarão os que pretenderem fraudar informações ou que não estão em um rito cigano com o coração aberto. Eles se afastam e deixam estes médiuns mal-intencionados à mercê de espíritos da mais baixa vibração, até que o médium tenha consciência de seu erro e possa adentrar no trabalho astral com responsabilidade. Os Espíritos Ciganos, assim como outros, se baseiam na afinidade, na vida etérica do protegido e na inteligência, para poder se articular por meio deste. A capacidade incorporativa não nos torna diferentes de outras pessoas; muito menos especiais.

Quando estivermos em processo de desenvolvimento da incorporação para receber em nossa aura os Mestres Ciganos Astrais, teremos pontos comuns a serem observados no trabalho astral destes espíritos, levando em consideração o grupo ao qual pertencem e também pontos comuns a todos os espíritos ciganos. Quanto maior for o abandono e a concentração nesta hora, mais os sentidos ficarão aguçados e o trabalho astral fluirá com mais facilidade.

Pontos comuns a todos os espíritos ciganos são: sensação de frio e calor ao mesmo tempo na altura do umbigo, sensação de peso na nuca, alegria, sensação de ser outra pessoa, incômodo na garganta ou laringe, desequilíbrio, sensação de flutuação, formigação em todo o corpo, pontas dos dedos sensíveis, olhos pesados, sensação de energia sobreposta, região lombar (coluna) sensível em toda extensão.

Sensações comuns sentidas na incorporação, relativas aos Espíritos do Primeiro Grupo, que é chefiado por Sulamita, têm características como: dores na altura dos rins, tórax pesado, enjoo, pernas fracas e sensibilidade exacerbada.

Sensações comuns sentidas na incorporação, relativas aos Espíritos do Segundo Grupo, que é chefiado por Carmem, têm características como: vontade de chorar, dor no peito, emoção exacerbada, conflito de sentimentos (tristeza e alegria ao mesmo tempo) e braços fracos.

Sensações comuns sentidas na incorporação, relativas aos Espíritos do Terceiro Grupo, que é chefiado por Madalena, têm características como: conflito de sensações (sentimentos de raiva e amor ao mesmo tempo), quentura acima da linha do órgão genital, pressão no coração, incômodo na linha do pescoço e torpor geral.

Sensações comuns sentidas na incorporação, relativas aos Espíritos do Quarto Grupo, que é chefiado por Esmeralda, têm características como: formigamento nas mãos, sensação de ser grande, sensação de poder, embaraço na garganta e peso nas costas.

Sensações comuns sentidas na incorporação, relativas aos Espíritos do Quinto Grupo, que é chefiado por Juan, têm características como: sentimentos de união e amor, emoção exacerbada, responsabilidade pelos demais, peso nos ombros e riso solto.

Sensações comuns sentidas na incorporação, relativas aos Espíritos do Sexto Grupo, que é chefiado por Artêmio, têm características como: pena das pessoas, responsabilidade pelos demais, dor na altura do umbigo, sensação de poder e mãos quentes.

Sensações comuns sentidas na incorporação, relativas aos Espíritos do Sétimo Grupo, que é chefiado por Wladimir, têm características como: sensação de poder chefiar, preocupação com as mulheres, corpo dolorido, sensação de ser grande e responsabilidade por todos.

Sensações comuns sentidas na incorporação, relativas aos Espíritos do Oitavo Grupo, que é chefiado por Manolo, têm características como: grande círculo energético à volta do corpo, vontade de conversar, sensação de poder, barriga pesada e pernas moles.

Sensações comuns sentidas na incorporação, relativas aos Espíritos do Nono Grupo, que é chefiado por Sandro, têm características como: vontade de dançar, enjoo ao cheiro de bebidas alcoólicas, garganta fechada, pena das mulheres e peso nas costas.

Sensações comuns sentidas na incorporação, relativas aos Espíritos do Décimo Grupo, que é chefiado por Natasha, têm características como: braços moles, coração apertado, responsabilidade pelas pessoas, cabeça quente e coluna lombar formigando.

Sensações comuns sentidas na incorporação, relativas aos Espíritos do Décimo Primeiro Grupo, que é chefiado por Yasmim, têm características como: sonolência, sensação de ser amigo de todos, mãos com formigamento, olhos arranhando, e sensação de poder harmonizar tudo.

Sensações comuns sentidas na incorporação, relativas aos Espíritos do Décimo Segundo Grupo, que é chefiado por Ramiro, têm características como: poder de transformar qualquer coisa ou situação, sensação de ser grande, sensação de poder, incômodo na altura do pescoço e sensação de vidência aguçada.

Essas sensações podem variar de um espírito para outro, evidenciando mais uma do que outra, e quando incoporados, dependendo do grau de mediunidade que tenha o protegido, a sensação de leveza e alegria é sentida com muita emoção.

Energizando seus objetos devocionais

Quando falamos de energização, estamos falando de um ritual, que poderá ter várias formas: energização com incenso, com a luz da lua, do sol etc. Para objetos de culto, iremos falar dos mais diferentes formas de energização e imantação, que é o ato de agrupar energias para um determinado fim. Para o povo cigano, este ato de energizar é tão importante que observamos dias e luas, e para o que vai servir aquele objeto, para que o ritual dê certo. Quando na confecção de potes, nunca usamos energização em barro, e sim em vidro e cobre, que servem para ser imantados. E fazemos sempre de acordo com fundamento, firmeza, forças da natureza e do Povo Cigano.

É provado que as essências ou perfumes são poderosos aliados na magia; vemos em todos os lados essências, incensos, perfumes ajudando na magia da energização. As essências têm finalidades diversas, como energizar objetos devocionais, integrando-se a rituais de magia e imantando nossos corpos para trabalhos astrais; no entanto, não devem ser utilizadas diretamente na pele, pois, sendo um concentrado, são agressivas à nossa pele. Se desejar fazê-lo, misture algumas gotas em um litro de água filtrada. Somente as mãos não sofrem nenhum dano; por este motivo, as ciganas as passam nas mãos quando vão jogar seus baralhos (simbolizando ato de amor pelo mesmo) e imantam velas com essências.

O ritual de imantação/energização é realmente muito simples de fazer, e libera grande poder. Para energizar o objeto escolhido, você poderá usar um chumaço de algodão, porém o melhor é que o faça com as mãos (como já disse, as essências não são agressivas à pele das mãos) para que a sua energia também entre positivamente no ritual. Quando imantamos com as mãos, significa dizer para o poder etérico: "Não tenho medo." Esta mensagem fica gravada e se obtém um melhor resultado. As essências, quando utilizadas nos ritos de energização, liberam poderes específicos; eis algumas delas:

VERBENA - libera poderes mentais e afasta as energias negativas.
ALECRIM - proteção contra magias que venham prejudicar as pessoas ou para quem está fazendo limpeza astral.
SÂNDALO - libera poderes de cura espirituais e favorece nos rituais de regressão a vidas passadas.
ALFAZEMA - libera poderes de paz e tranquilidade; bom para rituais de união e perdão.
ROSA - libera no calor da vela pensamentos de amor ao próximo e harmoniza os **chakras**.
ALMÍSCAR - libera poderes que favorecem a autoconfiança e a determinação.
PATCHULI - em comunhão com os poderes do fogo, libera energias que afastam a negatividade; facilita quando temos que separar o "joio do trigo".
CANELA - expande os poderes do anjo de guarda e fortalece a aura.
MIRRA - libera poderes favoráveis para meditação e curas espirituais.

CÂNFORA - libera a paranormalidade.

LÓTUS - poderes de atrair sorte, amor e fertilidade; bom para quem aplica passes magnéticos de cura pela imposição das mãos.

EUCALIPTO - libera poderes de proteção energética.

JASMIM - usado em imantações de velas para rituais de consagração de objetos devocionais.

O que são potes ciganos?

Quando falamos de "potes", isso significa um tipo de imantação de energias para um determinado fim. Não considero assentamento; isto não ocorre com as energias deste povo. Através das magias usadas há muito por meu povo, fazemos estes chamados "potes" para ter esses bons espíritos sempre perto de nós.

O primeiro que vou ensinar é o Pote Cigano. É o principal pote, feito nas **tsaras**. Ele serve para fazer amizades, segurar olho-grande, atrair dinheiro e sorte, para as **buenas dichas**; atrai clientes e também traz intuição.

Pote cigano

Material:

1 tacho de cobre grande ou vidro com tampa (tipo *bonbonnière* ou compoteira grande)
1 metro de lamê cor de ouro
3 perfumes: de rosas, sândalo e jasmim
1 ferradura usada, aberta
1 vela de mel
1 vela de cera de abelha
1 punhal com pedra de qualquer cor

7 moedas estrangeiras, de preferência antigas
7 moedas atuais, de preferência douradas
1 joia de ouro
1 joia de prata
7 flores de trigo
100 g de canjica branca
100 g de lentilha
100 g de feijão-fradinho
100 g de semente de girassol
100 g de milho amarelo de galinha
1 kg de arroz com casca
1 ímã
limalha de ferro (pó de ferro)
1 cristal de quartzo branco (incolor)
1 cristal de quartzo citrino
1 cristal de ametista
1 conjunto de bijuteria cigana
1 toalha azul

Como fazer

O pote só poderá ser feito em lua cheia, num sábado, antes das 18 horas.

Em um lugar calmo, numa mesa ou no chão, abra a toalha azul e ponha o tacho no meio, destampado. Do lado direito acenda a vela de cera e, do lado esquerdo, a vela de mel. Faça esta oração:

> Este pote eu ofereço ao Povo Cigano e à (ao) cigana (o) (se não souber quem é seu espírito cigano protetor, cite um em que tenha fé), para que seja a minha segurança de hoje até o final de meus dias. Onde eu possa pedir por amor, amigos, sorte, dinheiro, trabalhos dos campos físicos e astrais e também intuição.

Após rezar, coloque no fundo metade do arroz com casca, o restante dos grãos e cubra com o restante do arroz. Em cima coloque a ferradura, as moedas (todas com o valor para cima) e as joias. Grude o pó de ferro no ímã, arranje a bijuteria e coloque no pote. Coloque o punhal e as flores (com pouco caule); jogue um pouco de cada perfume e feche o pote.

Quando as velas acabarem, embrulhe no lamê e deixe num lugar reservado. Após sete dias, abra, coloque o restante dos perfumes dentro dele, coloque suas mãos abertas por cima e faça seus pedidos. Torne a embrulhar e guardar.

Escolha uma data para que crie uma rotina de entrar em contato com os espíritos ciganos. Por exemplo, de sete em sete dias, de 15 em 15, de 21 em 21; só não é bom abrir na lua minguante. Se o dono for **barô** ou **bába** de **tsara**, pode-se ter este pote no altar, e deve ficar sempre aberto. No caso de a pessoa ter um espírito cigano que entre em sua aura, o protetor escolhe onde deve ficar, pois alguns espíritos gostam que se enterre como proteção.

Outras pessoas ligadas ao dono do pote podem fazer pedidos, mas não deverão pôr as mãos.

Oráculo de todos: as moedas

Os Espíritos Ciganos respondem por meio do Oráculo de Moedas. Para isto temos que ter quatro moedas. Quanto mais velhas, melhor, porque já estarão imantadas com a energia do mundo, de outros países. Podem ser grandes ou pequenas, não importa.

Na hora de jogar, iremos passar em nossas mãos essência de alecrim ou gitana, e faremos a seguinte oração:

> Ciganos de luz, que andais pelo mundo, donos de segredos e mistérios, para que possa eu trilhar com sucesso em sua estrada,

orienta-me protetor de minha jornada (nome da pessoa). Irmãos do vento, filhos das estrelas, amigos do Sol e da Lua, me tome (nome da pessoa) como filho de teu acampamento, me acolha (nome da pessoa) na hora de chuva em tua *tsara*, para que eu possa seguir vitoriosa (o) na estrada, com a tua proteção eu ando dia e noite. Pela luz de *Sara* Kali. Amém.

As caídas são:

QUATRO MOEDAS VIRADAS DE CARA PARA CIMA - A resposta é sim, sem precisar de confirmação.

DUAS MOEDAS VIRADAS DE CARA E DUAS DE COROA - A resposta é sim, mas sem certeza: é preciso se jogar de novo para confirmar.

TRÊS MOEDAS DE CARA E UMA DE COROA - A resposta é uma dúvida; deve-se aguardar, pois pode haver mais de um protetor.

TRÊS MOEDAS DE COROA E UMA DE CARA - A resposta é não.

AS QUATRO MOEDAS DE COROA PARA CIMA - A resposta é não.

Parte 3
Os mestres ciganos espirituais

Cigana Sulamita

Sua origem e história de sua vida

Esta cigana é natural da região francesa da Borgonha; viajou por vários países do mundo. Fez, em vida, parte de um grupo originário da França, ***nátsija valshtiké***. Foi preparada para ser uma grande ***shuvani***, pois apresentou desde que nasceu uma paranormalidade acima do que conheciam na época. Apesar de isso a atrapalhar um pouco, tinha muita alegria de viver, adorava dançar e era tratada por todos como uma princesa. Com seu grupo, fez muitas viagens pelo mundo, e de cada lugar ela guardava lembranças com muito carinho, sempre fazendo magias, predições, ensinando o que sabia. Ela amou de verdade o Egito e a Espanha, mas foi na Itália que conheceu o significado e o sofrimento por ser de origem cigana. Sulamita era uma jovem mulher muito encantadora; quando seu grupo parou com os ***vurdóns*** em Gênova, ela começou a se apaixonar pelo lugar e pelas pessoas. Sulamita tinha a pele amorenada e cabelos ruivos escuros, uma beleza invulgar e incomum, mesmo entre as **romies** de sua época. Ela se apaixonou perdidamente por um **gadjó** viajante, quando fazia seu trabalho do **gal** pelas ruas de Gênova; esse homem encantou-se pela bela cigana de sorriso sincero. Contrariando todos os princípios, premonições e avisos, ela viveu um ardente caso de amor enquanto esteve na Itália. Um dia, ao procurar o **gadjó**, descobriu que ele havia partido, sem ao menos se despedir; os mais velhos, no entanto, haviam-na advertido, era cigana, e isto entre **gadjés** era costume. Ao ter que partir com seu grupo, teve o coração despedaçado e amargurado, indagando por que tudo aquilo havia acontecido. Mas o pior ainda estava por vir: meses depois, Sulamita descobriu-se grávida. A **bába** de seu clã não gostou, mas apoiou aquela **romi** sem experiência. Sulamita sentia que, enquanto a barriga crescia, sua tristeza aumentava, embora já amasse o **tcharrô** que estava por vir. Quase no final de sua gestação, que foi muito difícil, o grupo retornou a Gênova, e qual não foi a sua surpresa de encontrar o seu grande amor. O baque foi tanto que, faltando ainda 23 dias para dar à luz, Sulamita entrou em trabalho de parto, um parto complicado e difícil. A cigana avisou a **romá**: "Tenho que ficar viva para dar à luz, mais depois vou morrer." As ciganas mais velhas sabiam que, se ela falava, era porque sabia. Assim aconteceu: o **gadjô** foi avisado, mas fez pouco caso, dizendo que não havia conhecido a cigana que morreu, portanto a criança não podia ser seu filho. Sulamita, do astral, ficou muito magoada, e **Dieula** deu ao **gadjô**, por sua irresponsabilidade, um imenso castigo: ele nunca mais pôde ter filhos, mesmo tendo tantas mulheres; dizia ser maldição da cigana que enganou, e ela, abençoada, passou a ser a protetora das mulheres grávidas e dos partos difíceis.

Lendas

Conversando com Sulamita corporificada, ela me contou muitas histórias, histórias que eu já conhecia desde muito tempo. Porém, ouvindo dela mesma, eu pude saborear cada fato vivido por esta Mestra, lendas ciganas que há muito fazem parte do cancioneiro das *Vourdakies*. Esta é a lenda de Sulamita.

Sulamita me contou que desde pequena adorava frutas, as comia de todos tipos, por vezes recusando até outros tipos de comida. Sua mãe falava: "Você precisa comer comida de sal!" Mas ela ia comer frutas. Quando esteve na Itália, Sulamita despertou vários amores, entre ciganos e **gadjês**. Numa semana em que pouco havia comido de sal, foi trabalhar numa feira, e um **gadjô** ofereceu umas ameixas que estava comendo; logo de pronto ela aceitou. Começaram a conversar. Bonita e alegre como era, aceitou primeiramente a corte, que o cavalheiro lhe fazia, por brincadeira.

Assim vieram outros encontros, Sulamita apaixonou-se perdidamente. O rapaz sempre a convidava após o trabalho do **gal** para comerem comida de sal. Por ele ela aceitava. Depois do decorrido após este intenso amor, passou a gestação se alimentando muito bem, ainda que quase nunca por vontade, e sim por cautela pelo **tcharrô** que viria ao mundo. No final, Sulamita estava bem disposta, até o dia em que reencontrou o pai de seu filho. Após este encontro, passou três dias sem comer e sem beber água. Até dar à luz e falecer. Por isto ela me disse: "Gosto de fazer feitiços com muitas frutas, e quando estou muito feliz, rodeio as fogueiras e como a comida de sal que me oferecem, para homenagear minha mãe e lembrar dias de felicidade e paixão, que vivi na Terra." Seu ditado favorito é: "Mulher que não tem filhos, passou pela vida e não viveu."

Cores

As cores preferidas de Sulamita são amarelo, vermelho, laranja e tons de verde-folha. Podem ser utilizadas em roupas e também em objetos que ela use como adorno ou que sejam para se fazer magias.

Oráculos de Sulamita

Sulamita trabalha com o tradicional Baralho Cigano e com muitos jogos próprios, como o jogo de cristais, das agulhas, e o muito conhecido das **shuvanis**, o oráculo das maçãs. Sulamita cortará duas maçãs e analisará quantas sementes foram cortadas; assim poderá falar o quanto tem de positivo na vida da pessoa: em qualquer assunto, quanto menos sementes cortadas, em melhor situação a pessoa estará.

Influência de Sulamita

A influência da Cigana Sulamita é notada nos ambientes por onde ela está, corporificada ou em energia etérica. Assim como na vida e no jeito de encarar a vida de seus protegidos, ela influencia fazendo com que os ambientes ou as pessoas fiquem simpáticos, diretos, autoritários, ousados, com vontade de proteger, sinceros, impacientes, pioneiros, corajosos, com ar de vontade férrea, amor intenso, de fluxo nervoso, confiante, líderes e com sensação de resolução imediata dos problemas.

Ervas, plantas e cristais

Folhas dos pés de frutas em geral têm a sua preferência, mas utiliza também as ervas: artemísia, saião, canela, pinhão-roxo e erva-doce. Suas plantas favoritas são: bananeira, pé de fruta-do-conde e comigo-ninguém-pode. Os cristais prediletos são: quartzos citrino e branco, e ágata (essa pedra tem propriedades de aumentar a mediunidade).

Fundamentos de sua magia

Devido à história de sua vida e seu desencarne estarem ligados à continuação da vida, Sulamita prefere para suas magias, além das frutas e cristais: ovos, ovas de peixe e doces brancos; e como é muito desconfiada, prefere enterrar suas magias.

Oferendas

Sulamita gosta muito de receber a cesta tradicional de frutas como presente, pois, para atender aos necessitados de sua ajuda, ela não pede nada, somente coisas que sejam necessárias no caso de se fazer alguma magia. Ouro também é muito bem aceito porque esta cigana é vaidosa e bonita. Cristais de tamanho grande são um ótimo presente, assim como pés de plantas.

Culinária (pratos preferidos)

Salada de grão-de-bico, ***zujemia***, ***yaro*** e o tradicional ***cravem parsis*** fazem parte de sua preferência, assim como frutas frescas ou secas.

Rituais

O principal rito de Sulamita é feito para desamarrar parto difícil e para harmonizar casais em que a mulher esteja grávida, para que tudo ocorra bem na gravidez e o bebê nasça sem problemas.

Especialidade mágica

Sulamita faz assim: ela enterra uns ovos crus com cuidado na terra, em vaso ou chão, em frente da porta onde mora a grávida. Coloca em cima vários doces brancos e chama diversos espíritos ciganos e de outras linhas para fazer uma corrente de força. Os ovos são desenterrados quando a mulher dá à luz sem perigo; então eles são quebrados, simbolizando que ela está quebrando todo o mal, para que nada aconteça à mãe e ao bebê. Ela também ensina garrafadas, orações e chás para que a grávida tenha todo apoio.

Cigana Carmem

Sua origem e história de sua vida

Esta cigana é natural da Espanha e viajou por quase todos os países de idioma hispânico. Como uma autêntica espanhola de sangue quente (*arati fachó*), inspirou, em todas as terras por onde esteve, vários amores. Muitos declarados, muitos platônicos. Amor, mal que acabaria vitimando a si própria. Mulher bonita, de estatura mediana, tinha boas pernas, longas e bonitas, mãos bem-feitas que logo aprenderam a sedução do toque das castanholas do **flamenco** cigano, logo se tornando uma grande bailarina. Gitana **kalon**, amava dançar e trocava seu trabalho de **gal** por apresentações que quase sempre rendiam muito mais. Desde menina sabia-se prometida a um cigano **boyásh**, que era um cantor maravilhoso e um violinista ímpar. Na idade de 16 anos, casou com o cigano chamado Thiago, a quem seus pais haviam escolhido antes de seu nascimento. Ela era simplesmente apaixonada por Thiago. Este era um cigano sedutor e envolvente, mas também mandão e imperioso. O abieu (casamento) foi comemorado dias e noites sem parar, as famílias estavam contentes, Carmem e Thiago também. Ela só tinha olhos para ele, mas ele, apesar de gostar dela, tinha olhos também para outras mulheres, fossem ciganas ou não. O tempo passava e ela agora era uma respeitada bailarina e se apresentava junto de seu marido. Todas as apresentações da dupla eram agora um tormento: Carmem sentia pontadas de dor em seu coração toda vez que Thiago tocava e cantava, ela sentia que não era para ela o espetáculo e sim para **jellantes** (amantes) e **lumiascas** (prostitutas) que ele tencionava encantar. Este comportamento era uma constante na vida dos dois. Havia brigas entre eles, Thiago era muito assediado, e ela sempre acabava perdoando, pois sentia um amor próximo à obsessão. Um dia se apresentavam em Granada; Thiago, de tanto brincar com sentimentos das mulheres, se viu preso numa teia que não se desfaz: apaixonou-se por uma **gadji**, que também se encantou por ele. Por esta mulher, ele abandonou Carmem, passou pela **Kris Romani**, deixou o clã, fez as mais incontáveis loucuras. Carmem cada vez mais ia se deixando ficar em desespero e tristeza, pedindo a **Dieula** que ele voltasse para os braços dela. Ela ficou condenada a este amor impossível. Thiago a respeitava, mas não a amava. De tanto sofrer, ela acabou ficando muito debilitada. Não conseguia mais andar, comer ou falar, ficava só deitada como que esperasse a hora derradeira. Neste tempo, Thiago havia sido abandonado pela mulher, pois ela não aguentou tantas infidelidades. Thiago resolveu então voltar para Carmem, que o aceitou de volta, mas ela já estava tão doente que a união de fato era impossível. Thiago chorou, se arrependeu muito de suas leviandades para uma mulher que o amava loucamente e iria pagar com a própria vida por isso. Quando Carmem se foi, ele começou a viver recluso e a se dedicar a fazer magias para harmonização de casais.

Lendas

Conversar com Carmem não é tarefa fácil por inúmeros motivos. Ela é muito assediada e procurada pelos que precisam de ajuda, e também não gosta de falar do passado. Após muitos pedidos, Carmem me recebeu e concordou em falar muito do que já se conhece, mas poder ouvir dela é um prêmio.

Carmem foi criada andando pelo mundo, e por isso conseguiu conhecer e assimilar várias culturas. Sendo ela familiarizada com a arte, aprendeu sozinha a se vestir de formas diferentes. Coisa que seu pai não gostava, pois ela o assustava com tamanha habilidade. Então, ao amadurecer, ela o fez cada vez menos, guardando esta habilidade como um trunfo. Ao ser deixada por Thiago, o **boyásh** que amava, ela passou a segui-lo a fim de descobrir como era a mulher pela qual havia sido trocada. Uma tarde seguiu Thiago, vestida como homem, e encontrou sua rival. Era bonita, mas não tanto como ela. A raiva transformou-a, porém teve que se conter ao ver que a **gadji** estava grávida de Thiago.

Ao ver que a **gadji** estava em **curripém chindó**, amoleceu. Afinal, era um filho de Thiago. Ficou vendo Thiago todo **gagunchó**. Ficou espionando de longe, quando viu que o **tcharrô** havia nascido morto, Thiago entrou em desespero e Carmem fugiu para sua **tsara**. Apanhou as **radens** e o cristal de malaquita e foi oracular. Assim que jogou, viu que Thiago viria ao seu encontro. Horas depois, Thiago entra na **tsara** para lhe falar. Contrariando todo o acampamento, ela disse que iria lhe ouvir. Ele contou tudo, ela ficou com pena, e lhe disse que talvez tivesse sido bom: o que seria de um cigano criado por uma **gadji**? Thiago ouviu e se foi arrasado. É por isto que Carmem fala: "Sou cigana e fui traída, quem quiser minha ajuda mostre que não esta prejudicando ninguém. Porque seus erros podem ser cobrados de forma muito dolorosa." Seu ditado favorito é: "Quem semeia vento colhe tempestade."

Cores

As cores preferidas de Carmem são tons de rosa mesclados com lilás e dourado. O verde, quando acompanhados de tons dourados, é escolhido; para magias prefere tecidos vermelhos e transparentes.

Oráculos de Carmem

Carmem trabalha com o Oráculo das **Radens**, com a Vidência da Malaquita na água e jogos de Baralho da Lua (um jogo próprio). Carmem também atende muitos consulentes mandando-os segurar o leque que carrega e, do jeito que for segurado, ela analisa como está a pessoa e com qual problema está, fazendo a mesma coisa com as castanholas. Ao segurar qualquer objeto, tenha muita atenção.

Influência de Carmem

A influência de Carmem é notada em ambientes religiosos que estejam desenvolvendo alguma forma de arte. Ela influencia os que pedem consulta, os protegidos e os artistas em geral. A regência de Carmem estimula nos ambientes e pessoas características como: racionalidade, sedução, trabalhar com afinco, romantismo, criatividade, teimosia, esperança, administração correta dos problemas, organização, fidelidade, elegância, poder, paciência e nunca esquecer o lado prático das situações.

Ervas, plantas e cristais

Suas ervas são muitas e ela também utiliza cascas de algumas frutas, como a maçã, colônia, avenca, amor-agarradinho e manjericão. Suas plantas favoritas são: macieira, alecrim e eucalipto. Os cristais prediletos são: malaquita, quartzo rosa e kunzita (esse cristal é muito conhecido por suas propriedades de restabelecer o equilíbrio).

Fundamentos de sua magia

Devido à história de sua vida ter sido ligada ao amor e à arte, Carmem prefere fazer suas magias com objetos inerentes ao seu mundo, como castanholas, quartzo rosa, mel e tecidos em tons de rosa. Como teve vida difícil, prefere ajudar sem prometer nada para as pessoas.

Oferendas

Carmem adora receber presentes tradicionais ciganos como oferenda, porque, para atender aos que sofrem de mal de amor, ela faz questão de ter fetiches com os quais ela possa fazer suas magias no ato. Artigos espanhóis, como castanholas, xales, véus e leques são bem aceitos. Cristais de quartzo rosa, essência de maçã ou balaio de maçãs são presentes que agradam em qualquer circunstância.

Culinária (pratos preferidos)

Parrillada, pogathá com geleia de goiaba e **zujemia** fazem parte de seu gosto; também gosta de maçãs e **mol**.

Rituais

O principal rito de Carmem é para casos de abandono, para tirar rivais do caminho e harmonização de casais. Ela considera que a grande magia da vida é o amor, por isso luta para que ele seja vivido intensamente.

Especialidade mágica

Ela faz assim: abre a maçã, retira o miolo e deixa uma tampa; coloca dentro os nomes escritos em um papel (em forma de cruz), joga bastante mel e fecha, amarrando com fitas. Coloca o quartzo rosa em cima e diz: "Pelo poder da maçã, pela força do cristal e do mel, que estas fitas amarrem (nome da pessoa). Serão tão doces, viverão juntos e amarão um ao outro. Pelo poder da magia cigana, como a lua e a noite que nunca se separarão, está feito este feitiço de amor em nome de **Devel**. Amém". A maçã pode ser enterrada ao pé de uma árvore frutífera.

Cigana Madalena

Sua origem e história de sua vida

Esta cigana é de origem árabe e viajou por todo o Oriente Médio. Foi muito reprimida e era também de uma beleza estonteante. Por ter tido várias encarnações e ter vivido muito na última, aprendeu a conhecer e a lidar com as pessoas, principalmente as que têm problemas com relação a sexo, problema que ela conheceu de perto. Cigana que nasceu com grandes poderes de **buena dicha** e sem preconceitos, passou a ser procurada pelas mais diversas pessoas. No passado distante em que Madalena nasceu, o sexo era um assunto proibido; mesmo assim, ela dava conselhos a respeito. Muito amorosa, ela foi um dia procurada por um homem muito rude, que lhe devotou um estranho amor. Foi recusado com delicadeza. Esse homem queria possuir Madalena de corpo e alma; um dia, quando estavam a caminho de Riad, o clã parou para beber água e ela foi raptada de seu bando, sendo levada em disparada pelo homem em seu cavalo, deixando os **vurdóns** para trás. Caminharam até o deserto vermelho; ali, após muita luta e sem forças, ela acabou sendo violentada de forma cruel. Permanecendo mais três dias nas mãos desse malfeitor, sofrendo estupros diários e terríveis. No terceiro dia ela implorou a **Dieula** para que a ajudasse e, após um desses atos, o malfeitor adormeceu. Ela foi então rastejando para longe dele; rastejou horas embaixo do sol, quando avistou uns homens a cavalo; eles também a viram e a puseram no cavalo, levando-a a Riad. Logo ao chegarem, encontraram seu grupo, que a procurava desesperadamente. Ela estava muito mal, foi cuidada, e durante meses ficou com medo de sair de Riad, decidindo permanecer. O homem que a ajudou vinha diariamente para saber de seu estado. Ele se apaixonou pela bela Madalena, e ela também por ele, no entanto os traumas eram fortes. O grupo dela era o **kiriléshti** (de origem grega), que é muito tradicional. No entanto, o homem apaixonado deixou a vida **gadjô** para ser cigano e viver ao lado de sua amada, e com muito carinho e dedicação conseguiu afastar os traumas de Madalena. E ela viveu muito, após ter superado tudo, pela força do amor que lhe era devotado. Por isso este assunto passou a lhe ser caro, por conhecer as dores de perto. Foi então para Madras com seu marido, vivendo momentos maravilhosos. Pensando em ajudar pessoas que tinham problemas derivados do sexo, Madalena especializou-se em magias, tornando-se "a senhora do amor e do sexo", pois ela entende tudo sem preconceitos. Hoje Madalena é procurada e aconselha todos os tipos de problemas, como timidez, medos, traumas; faz as mulheres muito sedutoras, e os homens galantes e delicados, ajudando ainda com receitas de poções do amor, de comidas afrodisíacas, além de ler em seu baralho a sorte do casal de uma forma impressionante.

Lendas

Procurei anos por uma oportunidade de falar com Madalena, até um dia quando eu passava por um período problemático em minha vida e, andando na praia numa noite quente, deparei-me com uma *Vourdakie*, e Madalena sorriu e me ofereceu pão e vinho. Aceitei de pronto. Ela me deu conversa e esperança. Foi aí que minha vida começou a mudar.

Madalena, por ter sido reprimida pelo pai que temia que acontecesse alguma coisa a ela, só veio a se soltar ao lado de seu marido, que amava vê-la sorrir, bailar e encantar a todos. Pela vida difícil que teve e pela causa que abraçou, Madalena começou a ser procurada por pessoas diferentes e de vida igualmente difícil. No tempo do comércio de Coromandel, na Madras antiga, rufiões que se apaixonavam, *jellantes*, *lumiascas*, *thores*, senhoritas que perderam a *pachí*, todos procuravam pelos conselhos de Madalena, que sempre aconselhava com carinho e amor, para o caminho do bem, sem fazer julgamentos da vida de ninguém.

Uma vez ao receber em sua *ofisa* uma mulher *majalé*, viu que ela não parava de se insinuar para seu marido. Madalena apanhou o baralho e "leu a sorte" que a mulher teria ao se insinuar para o marido de uma *shuvani* (que era ela mesma), disse cobras e lagartos com uma calma impressionante. Por fim disse precisar fazer uma magia com o sangue da mulher e cortou o dedo dela com toda perversidade, devagar e bem profundamente; a *gadji*, com a mão ensanguentada e apavorada, saiu rapidamente. Madalena riu alto e disse para o seu amor: "Ajudo sem preconceitos, e se tu pensas que fiz maldades com esta mulher, digo que não. Penso eu que sou mesmo boa de coração. Quando ela pensar em trair alguém por pura leviandade, pensará várias vezes. Mesmo porque este corte não vai fechar!" Assim é Madalena, ajuda a todos, até quando a pessoa não entende. Seu ditado favorito é: "Aqui se faz, aqui se paga."

Cores

As cores preferidas de Madalena são cores fortes em tecidos finos; o branco com dourado também é de seu gosto; no entanto, roupas e cinturões coloridos e brilhantes são os favoritos.

Oráculos de Madalena

Madalena trabalha com tarô, baralho cigano, pêndulos, bola de cristal e vidência. Também ouve e analisa a voz da pessoa. Carrega um punhal com o qual risca as mãos dos consulentes: se com força, é um aviso de que ela não está brincando; se devagar, com pouca força, é porque ela sabe que o consulente esta falando a verdade. Isto é na verdade um sinal, com o qual ela mostra a todos a índole da pessoa.

Influência de Madalena

A influência de Madalena é notada em locais de atendimento espiritual, em que estejam "consertando" miasmas astrais. Ela rege ambientes e pessoas dando características como: questionamento, versatilidade, alegria, inteligência, curiosidade, capacidade analítica apurada, meiguice, parceria e cumplicidade para enfrentar os problemas da vida, assim como justiça e verdade. Ficamos comunicativos, passionais, talentosos, podendo inverter situações negativas em positivas quando menos se espera.

Ervas, plantas e cristais

Suas ervas são: avenca, arruda, saião, artemísia e folha de parreira. Suas plantas favoritas são: roseira vermelha, pé de alho e murada de papoula. Os cristais prediletos são: crisocola, granada e opala; este último trata de distúrbios sexuais, como pessoas com sexualidade exacerbada ou mesmo fora de controle.

Fundamentos de sua magia

Como Madalena passou por muitos problemas, ela prefere fazer suas magias com tudo que possa ajudar a resolver o problema como: pão árabe, pétalas de rosas, *sifrit* e mão de *buena dicha*. Faz a predição com exatidão, e diz que não acredita quem não quer.

Oferendas

Madalena fica feliz em receber qualquer coisa que seja dada de coração. Artigos indianos e árabes são de seu gosto; véus de seda, canela, banana, amendoim, pimenta, rum e anis são adorados. Cristais como granada, principalmente se encastoados em anéis de prata antiga, são motivos de muitos sorrisos.

Culinária (pratos preferidos)

Seus pratos prediletos são *pafeitos ki brinza*, *iakna*, doce de figo seco, *pogathá*, *zujemia*, *sifrit* e frutas.

Rituais

Madalena protege os que têm problemas sexuais, e trabalha para que eles sejam resolvidos. Ela faz poções do amor, pães e vinhos encantados que contêm a mais pura magia de Madalena: só quem beber deste vinho poderá falar. Para ajudar aos angustiados, ela faz questão de explicar tudo muito bem antes de fazer suas magias.

Especialidade mágica

Madalena enxerga longe. É grande fazedora de vinhos e porções de amor, gosta muito de fazer magia com pão árabe com pasta de carne apimentada e pétalas de rosas. Faz sua reza onde deixa a sua força e faz os amantes comerem juntos, abrindo as energias de ambos para fazerem com muito amor um sexo gostoso e ardente. Em todas as receitas de amor, ela coloca à parte uma pimenta dedo-de-moça aberta ao meio, num pratinho. Colocando dentro os nomes dos amantes, rega com mel, reza em **romani** e diz: "Agora sentirão o verdadeiro fogo do amor."

Cigana Esmeralda

Sua origem e história de sua vida

Esta cigana é natural de Évora (Portugal) e viajou por toda a Europa. De grupo **kalon**, desde cedo foi preparada para ser uma grande cozinheira. Esmeralda era curiosa e observadora; assim começou a fazer feitiços com as comidas e ganhar fama na época. Era autoritária e corajosa: menina ainda, já contava com clientela abastada. Sua ligação com a alquimia de preparar os alimentos foi causa de muita alegria e, por despertar muita inveja, foi também um dissabor em sua vida. Esmeralda levava uma vida **romá** autêntica, viajando, apurando sabores, trabalhando muito. Não foi muito feliz no amor, porque a obrigação com as pessoas vinha em primeiro lugar. Ficou viúva cedo e, embora seu marido tivesse sido um bom homem, Esmeralda se adaptou sem ele. Um dia, quando chegava em Évora após uma longa temporada pela Europa, soube que o reino de Portugal colocaria em vigor algumas leis que coibiriam os ciganos de viverem no país. Ela ficou assustada, pois, apesar de ser uma filha do vento e das estrelas, ela gostava imensamente de Évora. Para os **kalons**, um lugar encantado, apesar dos verões quentes com noites gélidas. Neste tempo, Esmeralda já contava com mais de meio século de vida e era cozinheira de mão cheia, doceira com encomendas até de nobres. A feiticeira afamada era quase uma lenda: na época, viver 50 anos era um milagre, e ela era considerada muito idosa, apesar de gozar de boa saúde. Era uma **phuri daj** e, devido às perseguições que faziam contra a **romá**, aconselhou todos a saírem em direção à Catalunha, na Espanha. Porém, como era muito teimosa, ela mesma não foi, resolvendo ficar. Nesse tempo, o trabalho já ficava escasso, e ela vivia praticamente na miséria, contando com a bondade de alguns clientes antigos e abastados. Porém, quando o reino começou a ter mais rigidez nas perseguições, as pessoas não queriam ir contra as leis impostas pelo reino e ficaram com medo de ajudar aos ciganos que ficaram em Évora. Assim vivia Esmeralda, sob o Sol e a Luz da lua, teimosa, rota, mandona; a fome apertava, e ela resistia. Houve vezes em que foi alimentada pelos próprios soldados do reino, por pena, mas ela havia resolvido ir até o fim. Ela considerava Évora a sua terra, a terra prometida, a terra derradeira, veio dali e retornaria ao mundo espiritual também naqueles ares. Demorou 45 dias passando fome, para que Esmeralda deixasse o corpo; na hora em que aconteceu, o céu azul foi invadido por uma leve brisa, e logo começou uma chuva fina e prateada no meio do dia. A *romá*, que estava na Catalunha, ficou sabendo pelas lâminas o que havia acontecido. E nas lâminas ela também falava: "Não foi por teimosia nem pirraça; recebi esta ordem de **Dieula**, para ficar e mostrar para Évora que os ciganos fazem parte de Portugal, assim como Portugal faz parte dos gitanos." Anos depois, quando os seus puderam voltar a Évora, começaram a evocar Esmeralda para ajudar na fartura de alimentos. Sempre atendidos, fizeram-na a Marpurí (sacerdotisa) protetora da fartura de alimentos e feiticeira da comida.

Lendas

Encontrar Esmeralda é uma tarefa árdua; nem sempre, quando está presente, diz quem é. Uma vez, estando em Brasília, fui encontrar-me com uma velha amiga *romi*. Ela me disse que Esmeralda ia muito a um determinado lugar, onde passei a ir na esperança de encontrá-la, mas foi ela quem me encontrou e, atendendo meus pedidos, começou a falar.

Esmeralda começou a falar me servindo umas frutas de estação, sem as quais ela não trabalha. Disse-me ela que sempre se interessou em cozinhar, porque ninguém fica sem comer; por isso seus feitiços são tão eficientes, falou rindo. Ela contou que, na época em que foi casada, seu marido era um bom homem gitano, mas ela nunca foi dada ao amor. Gostava, sim, de seus tachos, de suas facas com bainha, de festas e alegria. Quando a sua fama de cozinheira cresceu, ela passou a ser uma **shuvani**, de quem até os feirantes tinham medo. Quando fazia compras, eles não deixavam que ela pusesse as mãos nas frutas e verduras, senão ninguém queria mais comprar. Assim, logo que possível, ela apalpava o maior número de coisas, pois assim acabava ganhando de presente.

Com tudo que Esmeralda conseguia pegar, ela fazia uma mesa farta para quem estivesse com fome: **gadjô**s ou zíngaros podiam se servir à vontade. Assim ela alimentou muita gente na Europa. Houve uma vez em que um feirante a desafiou e disse: "Gitana velha, não me venha com este golpe de pegar em tudo, saia daqui, porque não te darei nada!" Ela passou sem nada dizer. De repente, veio uma grande chuva com algumas pedras de granizo; ela queria se pôr a ajudar, mas sabia que tudo em que tocasse não seria mais vendido. Então ficou na chuva, olhando o desespero do rapaz que a tinha ofendido. Ele disse: "Gitana dos infernos, não fique aí olhando, me ajude, se tu tens este poder de fazer chover granizo é porque Deus permitiu, e eu vou te dar um pouco destas coisas." Ela sorriu. Não, não tinha este poder, mas já que ele pensava assim... E pôs-se a ajudar o feirante, convidando-o para a refeição da tarde (naquela época e até hoje, em alguns clãs, os ciganos fazem somente uma refeição no horário da tarde, entre o almoço e a janta). Ele foi tão bem recebido na mesa de Esmeralda, que nunca mais deixou de ir, se tornando um grande amigo. Seu ditado favorito é: "O que se leva desta vida é o que se bebe, o que se come e o que se brinca."

Cores

As cores preferidas de Esmeralda são verde-folha e azul-rei; os tons de dourados também são do seu gosto, assim como os estampadinhos portugueses, mais tradicionais, cores que utiliza para tudo, desde roupas, até esmoleiras.

Oráculos de Esmeralda

Esmeralda trabalha com tarô, baralho cigano e jogos próprios, como o jogo dos punhais e das facas. Fez oráculos de vidência com os grãos, mas o que ela mais gosta de fazer é atender as pessoas recebendo com frutas (não as deixando usar facas para comer) e, conforme a pessoa se alimenta, ela analisa e diz por quais situações a pessoa está passando. O consulente tem que ser avisado de que ela não aceita recusas: quando é oferecido algo, é melhor aceitar.

Influência de Esmeralda

A influencia de Esmeralda é notada em festividades espirituais em geral, principalmente quando existe uma confraternização e, para isto, uma ceia. Ela rege ambientes gastronômicos, dando características como: emoção, preocupação de que nada falte à mesa, gosto por ajudar, proteção, sensibilidade, insegurança, ambiente aconchegante, gosto por dar festas, fartura, prestatividade, gosto de alimentar crianças, paciência com idosos e alegria de conversar enquanto se executam afazeres.

Ervas, plantas e cristais

Suas ervas favoritas são: folha-da-fortuna, louro, couve, dama-da-noite e saião. Suas plantas favoritas são: louro, parreira preta e maracujá. Os cristais prediletos são: ônix, rubelita e turmalina negra, que é o grande escudo de Esmeralda, por trazer clareza para tomar decisões importantes.

Fundamentos de sua magia

Como Esmeralda passou por muitos problemas por causa de comida, ela faz suas magias com alimentos. Os principais pratos de seu fundamento são: **iakna**, **sifrit**, frutas, grãos diversos crus e bolo de coco.

Oferendas

Esmeralda fica feliz em receber qualquer presente em forma de alimento que ela possa "enfeitiçar" e que possa dividir assim entre as pessoas, mesmo que o caso de cada um seja diferente. Artigos portugueses e espanhóis são amados profundamente, assim como grãos, trigo e frutas. Cristais como peridoto, citrino e topázio são aceitos de coração, assim como facas, tachos de cobre, tábuas de carne e colheres de pau.

Culinária (pratos preferidos)

Seus pratos prediletos são **potage ki matcho**, **pogathá**, doce de figo seco, bolo de coco, **mol**, azeite de oliva, frutas e **serdanhi**.

Rituais

Esmeralda se preocupa com a falta do alimento; ninguém que trate com ela poderá recusar um alimento. Os feitiços são feitos nos pratos, para os mais diversos casos, e ensinados a quem estiver disposto a aprender.

Especialidade mágica

Ela faz um pote para que nada falte à sua casa. Apanhe uma *bonbonnière* pequena e coloque nela um pouco de cada um destes grãos e sementes: ervilha, lentilha, arroz com casca, amendoim, grão-de-bico, trigo em grão. Coloque por cima três moedas atuais, com o valor virado para cima, e um quartzo citrino no meio. Deixe energizando por três dias na luz da Lua crescente e peça à força da Lua e dos grãos que nada falte ao seu lar. Ponha em um móvel de sua casa, num lugar alto, como se fosse bibelô. Assim fazendo, esteja certo de que nada faltará a seu lar.

Cigano Juan

Sua origem e história de sua vida

Este cigano é de origem espanhola e foi nômade durante toda a sua vida. Por ter viajado muito e ter conhecido vários povos, Juan desenvolveu paciência e tolerância. Ele "planta" entendimento entre os homens, pois para ele tudo tem jeito, menos a morte. Juan era um **kalon** muito bonito. Foi grande feiticeiro. Era dado às mulheres, não ao amor. Certa vez se apaixonou por uma cigana prometida, que não amava o noivo. Por amor teve ímpetos de fugir com ela. Assim o fez, roubando-a do acampamento e fugindo para as terras da Catalunha. Ela no princípio não o amava. Mas tanto ele fez que ela foi se apaixonando aos poucos. Com gentilezas por toda parte, foram muito felizes, apesar da má fama de que gozava Juan. Ele, por sua vez, só brigava por ciúmes de sua amada. No entanto, o cigano traído não deixaria o ocorrido daquele jeito. O cigano começou a procurar, por toda a **romá** espanhola, o **choró** de noivas. Quando chegou na Catalunha, logo descobriu onde estavam os dois. Fez uma armadilha para atrair Juan com uma mulher linda, mas nesse dia Juan havia brigado e não estava para as belas da Espanha. Ficando o inimigo à espera, Juan descobriu que estava sendo "tocaiado" e partiu para o confronto com seu rival, que se assustou quando viu Juan, e já foi preparando sua adaga. Juan era mais forte e fazia uma luta com facas e punhais; assim desarmou o adversário, que lhe falou, na hora da morte, que também não a amava, só não queria desgostar os pais. Se ele tivesse conversado, tudo teria sido resolvido. Mas Juan não acreditou e o matou. Sua amada ficou muito triste, pois não amava o rapaz, mas também não queria saber de mortes. Por mais que Juan argumentasse, nada adiantava, o amor que ela lhe tinha também foi morrendo. De tristeza por ter sido causa da morte de um irmão de raça, ela acabou desencarnando de pneumonia. Juan ficou muito triste e jurou não se desentender com mais ninguém, pois a sua fúria havia sido causa da destruição de sua família. Voltou a viajar pelo mundo e a proteger famílias. Uma vez adoeceu, uma *shuvani* deitou as lâminas e falou: "Tu estás sendo procurado pelo homem que mataste." Ele pensou: "Ele não me perdoou." A *shuvani* fez uma magia para afastar o *muló*, mas Juan ficou acreditando que ele também havia sido traído: afinal, como tinha sido encontrado? Ela morreu por que gostava dele? Todas essas dúvidas o atormentavam. Então, conversando com uma *phuri daj*, esta lhe disse: "Juan, filho, conserte o que fez de errado, proteja as famílias, se mantenha longe de brigas e evite as desavenças dos outros também; vou lhe presentear com uma panela de pedra e com um boneco, ele é você. Para que você saiba que o boneco não pode levantar a panela (que é o mundo), então vive bem dentro dela. Leve estas pimentas também para que elas lhe tragam o calor da vida, deixe seus punhais à mão e esteja preparado." Assim é Juan, desconfiado, lutador, feiticeiro de todos os tipos de magia, inclusive as do mal, que ele evita fazer, pois sabe que o melhor caminho é o do entendimento; protege as famílias, não deixando que as pessoas se envenenem de ódio e rancor, porque isto não leva a nada, diz ele.

Lendas

Juan é desconfiado, mas sabe que, quando estamos em paz, ele pode aconselhar, porque será ouvido com certeza. Encontrei Juan de repente, quando nem estava pensando nele. O nosso longo papo foi numa casa do alto do "Beco das Sardinhas", no Rio de Janeiro, ele tomando vinho; iluminado pela luz da Lua, me contou várias passagens que havia vivido na Catalunha querida.

Juan me contou que teve muitas mulheres, foi intensamente amado, era muito discreto, principalmente quando suas *jellantes* tinham dono. E me falou de sua luta com os 21 punhais. E de sua derradeira paixão pela cigana comprometida. Juan a viu pela primeira vez numa festa de **abjov**, era **matshwáya**, linda, morena dos cabelos negros, e o enfeitiçou com sua dança, seu bailado e sorriso. Ele, apesar de ter tido inúmeras mulheres, não era visto com elas, e, quando se apaixonou, foi imediatamente avisado de que ela já tinha selado **daró**. Mas ele não conseguia ver-se sem ela, chegava a doer, dizia. Estava em tudo que fazia, inclusive no rosto de outras mulheres que amava.

Sentiu no ar que era correspondido, e preparou-se então para a luta mais decisiva de sua vida. Articulou um plano e, quando os homens saíram para a caçada do **soso**, ele sentiu que era a hora. Roubou-a com a bênção e vista grossa de sua avó. Ela esperneou e o recusou durante dias. Foi preciso mais de um mês para que ela o aceitasse. Foi um começo de vida muito tumultuado. Mas tudo que ele podia fazer pela sua amada, ele fazia, e dizia: "Por ti até mato!" Apesar de amar as mulheres e o amor, saber-se amado, o ciúme não o deixava em paz. Estava sempre sobressaltado e, quando soube do rival, foi para matar. E assim realmente o fez. Depois dos males, do arrependimento que sentiu, aprendeu que brigar não leva a nada. Por isso hoje sua desconfiança inicial logo se transforma em conselhos, quando ele conhece as pessoas, mas, se for preciso lutar com o mal, ele ainda sabe usar os punhais. É preciso ter cuidado. Seu ditado favorito é: "Não seja o primeiro a brigar e nem o último a fazer as pazes."

Cores

A cor preferida de Juan é a cor vermelha, que julga ser cor de poder. O azul e o dourado são utilizados para fazer magias para esfriar brigas. Os tecidos prateados também são bem aceitos.

Oráculos de Juan

Juan trabalha com baralho cigano, búzios, bola de cristal, pêndulos e vidência da moeda na bacia de água da chuva; usa também um jogo próprio, que é o jogo dos punhais na peneira. Juan fala pouco, mas é poderoso, dita o que dizem os dados e o que fazer; e, quando a pessoa não acredita, logo se tem uma surpresa. Da vidência na água, diz que não pode falar tudo, porque as pessoas não estão preparadas, mas quem lhe pede ajuda com fé é atendido.

Influência de Juan

A influencia de Juan é notada em locais de festividades de família ou em locais de espiritualidade, onde buscam o amor e o entendimento. Ele rege relacionamentos difíceis entre as pessoas e deixa no ar características como: positividade, paixão, força, entendimento para superar problemas de diferentes faces, planejamento, confiança, conversa inteligente, valores familiares, talentos e trabalhos com prazer. Em casos de desentendimentos sérios, a indiferença é sua arma preferida, embora, nos ambientes de flerte, a atuação de sua força esteja sempre presente.

Ervas, plantas e cristais

Suas ervas preferidas são: pinhão-roxo, amor-agarradinho, erva-cidreira, dama-da-noite e arruda. Suas plantas favoritas são: murada de papoula, árvore caneleira e roseiras vermelhas. Os cristais prediletos são: quartzos branco e fumê, e o rubi, que é a pedra do coração, aumenta a liderança e a intuição, sendo a pedra do seu principal punhal.

Fundamentos de sua magia

Como Juan busca o entendimento entre as pessoas, ele prefere conversar e aconselhar antes de resolver com suas poderosas magias. Como fundamentos ele usa: manjares, mingau (de amido), água de chuva, moedas, panela de pedra, bonecos, dados e indica o caminho a ser seguido pelo consulente.

Oferendas

Juan fica feliz em poder evitar conflitos, seja como for. Por isso prefere ver o que pode fazer, para depois aceitar presentes. Apesar de sério, recebe bem quase todo tipo de oferenda, ainda mais quando vermelha. Artigos espanhóis são de seu gosto, assim como peixes inteiros, manjares e mingaus coloridos. Água de chuva e ouro fazem seu sorriso se abrir. Cristais, como o quartzo fumê, em pingentes de ouro, são o melhor presente.

Culinária (pratos preferidos)

Seus pratos prediletos são **potage ki matcho, brinza kroo, psari plaki, catjhó chái, pogathá, mol** e frutas.

Rituais

Juan faz a vidência na água da chuva, joga dados imantados e prediz o futuro de seus clientes. Ele desmancha brigas: abençoa um manjar com muita calda e, quem come, fica com uma grande sensação de ternura.

Especialidade mágica

Juan é um cigano da paz, por isso desmancha mal-entendidos e dita leis como ninguém. Ele faz um manjar com muita calda e oferece aos espíritos ciganos de Ariana e Tarim, e logo oferece para os que brigaram comer, junta seus anjos de guarda (acende velas) e coloca um copo de água para estes. Assim faz o Cigano Juan, e consegue que todas as mágoas e brigas sejam afastadas de sua família. Com esta magia ele consegue a união e a paz entre os que se amam, mas às vezes brigam.

Cigano Artêmio

Sua origem e história de sua vida

Este cigano é de origem egípcia, andou por quase todo o continente africano e também por quase todo o mundo. Nos tempos em que reis e rainhas consultavam os mais diversos oráculos, Artêmio se especializou em quase todos eles. Foi um grande consultor, oraculava com precisão, sendo muito procurado pelas mais diversas pessoas. Artêmio um dia foi procurado por um homem que detinha grande poder, sendo considerado um rei entre os seus. Ele temeu o contato, porque este senhor gozava de reputação de furioso e terrível. Estava ele em busca de conquistas de novos reinos por meio de guerras. Tudo que o cigano queria era paz. O homem, tido como rei entre seus pares, queria que Artêmio fizesse umas magias para espalhar ódios e rancores, pois assim a guerra poderia começar. Artêmio então declinou do que foi pedido e ainda, por ter muita coragem, falou tudo que estava vendo no caminho desse rei. Muita desgraça sucederia, a guerra estaria perdida, o mal disseminado. Precisariam mil anos para que tudo voltasse ao normal. Pediu que o rei desistisse do propósito. Mas o homem não só não desistiu, como mandou surrar o cigano, que ficou muito doente e foi tratado por uns neófitos em magia. Enquanto era tratado, Artêmio ensinava magia e dizia pérolas que por vezes eram enigmas para os seus aprendizes. Enquanto isso, ódios e rancores eram espalhados, a guerra começava, e o rei passava sempre próximo à sua *tsara* para se rir do cigano. Enquanto isso, Artêmio fazia preleções a quem quisesse ouvir, não se importando com os riscos e histórias sobre ele. O tempo passou, e os ódios, que propiciariam a guerra e a conquista de outros reinos, estavam agora fora de controle, os inimigos haviam apanhado o rei, e o soltaram apenas quando já o julgavam morto. Artêmio o acolheu e o escondeu para que o pudesse tratar. O rei chorava e, dando razão ao cigano, falou: "Diz-me, ó mestre, o que será de mim?" O cigano, que havia aprendido a falar por meias palavras, disse uma metáfora, que o homem não conseguiu entender. Mandou então cortar a cabeça de Artêmio, que seguiu para o seu destino resignado, e só parou antes para pedir à Virgem **Sara** que o protegesse e protegesse também os seus. Quando os homens do rei foram executar o cigano, ouviu-se um canto de profundo amor, que cegava os facões à medida que ia ficando mais forte. Os homens, com medo de feitiçaria, largaram o cigano, que correu para bem longe. Feito isto, o rei ficou decepcionado e intrigado. A partir daquele dia, as guerras acabaram, vivendo todos em paz. Artêmio conseguiu fugir para longe e nunca mais se ouviu falar dele por ali. Cada vez que oraculava, dizia cada vez menos, com medo da reação das pessoas. E cada vez foi pregando mais a força da predição e o amor à Virgem *Sara*. Suas preleções agora eram contra o preconceito que assola a raça cigana, coisa que ele faz até hoje. Ao mentir para Artêmio, saiba que tudo ele pode descobrir, por isso não gosta muito de ouvir, já aconselha para o bem da pessoa, se apresentando sempre com chapéus por respeito à Virgem *Sara*.

Lendas

Estava eu evocando Artêmio em meu pensamento, quando fui convidada para ir a um ritual do fogo na praia; não queria ir, porém não tinha como declinar do convite. Levei uma grande cesta de frutas. Ao chegar lá, Wladimir, já na aura de seu protegido, me disse: "Tenho surpresa para você!" E me apresentou Artêmio. Fiquei profundamente emocionada, e assim foi consolidada nossa amizade.

Artêmio me contou que, nos tempos em que reis e rainhas consultavam os oráculos, os feiticeiros e consultores eram pessoas de muito prestígio. Ele uma vez, de passagem pela Cidade de Un (atual Cairo), foi solicitado que fosse até o encontro de uma importante dama. Ele foi. Ela era uma mulher de má índole, e traía seu esposo com o secretário dele. Esta senhora reconhecia o valor de Artêmio, como consultor e feiticeiro, então, ao se consultar, foi logo dizendo de suas intenções. Pretendia matar o seu marido para casar-se com o traidor. No entanto, não queria escândalos, queria matá-lo por meio de magia, por pactos maléficos, por maldade pura e falta de caráter. O cigano logo disse não aos seus intentos, pediu que examinasse a consciência e mudasse de ideia.

Mas este descendente de Clã Márcovitchs logo pressentiu que o terror caminhava para o seu lado. A dama havia ficado profundamente ofendida, e disse ao esposo que o cigano a incomodava com artimanhas e tentava seduzi-la. O homem ficou desatinado, chamou Artêmio para um duelo, em que o provocava dizendo que devia se defender com armas e artimanhas. O cigano tentou de todas as formas o diálogo. Por um "milacro" (expressão utilizada pelos ciganos que vivem no Egito, que quer dizer milagre) de *Sara*, o homem pôs-se a escutar. Há tempos o homem desconfiava de seu secretário, mas não queria acreditar. No entanto, pensava, como podia Artêmio saber de sua vida? Prometeu-lhe a morte se verdade não fosse, e uma rasa de ouro se não estivesse mentindo. Armando uma tocaia, o homem descobriu tudo e matou o secretário. Mandou a mulher para longe, e faria pelo cigano tudo que ele quisesse. No entanto ele só quis que a verdade aparecesse. Mesmo por metáforas, ele sempre diz a verdade, é preciso estar atento à sua conversa. Seu ditado favorito é: "Não há mal que sempre dure, nem verdade que nunca apareça."

Cores

A cor favorita de Artêmio na verdade são várias, principalmente as com frisos dourados em forma de listras. Os roupões que se usa no deserto e as roupas ciganas tradicionais são muito do seu agrado, assim como os chapéus.

Oráculos de Artêmio

Artêmio trabalha com o baralho cigano com uma forma própria de jogar, com o tarô egípcio, a vidência no céu, nas agulhas, no dominó, nos dados e também é um quiromante surpreendente. Faz preleções elucidativas a todos. Conversa e oferece frutas aos seus consulentes e, pela forma de a pessoa comer, ele analisa tudo e vai revelando, mas muitas vezes fala por metáforas. É preciso estar muito atento, pois nas entrelinhas você encontrará tudo que quiser saber.

Influência de Artêmio

A influência de Artêmio é sentida em locais em que se trabalha a espiritualidade de forma que se esteja a "lavar" os miasmas astrais. Ele rege o entendimento e o poder elucidativo de uma boa conversa, e deixa no ar características como: cortesia, charme, sociabilidade, articulações, organização, beleza, busca do equilíbrio entre o espiritual e o material, elegância, justiça, busca por sempre ajudar as pessoas e honestidade. No caso de haver um atrito qualquer, partirá para o dialogo, sempre buscando a paz, porque detesta brigas, e uma boa conversa sincera, para ele, é capaz de resolver tudo.

Ervas, plantas e cristais

Suas ervas preferidas são: alecrim, folha de maracujá, saião, colônia e hortelã. Suas plantas favoritas são: maracujá, árvore de praia e coqueiro. Os cristais prediletos são: ametista, rubi e esmeralda, esta pela reputação de favorecer a saúde e a potencialidade artística e oraculadora. Os cristais prediletos são: quartzos branco e fumê, e o rubi, que é a pedra do coração.

Fundamentos de sua magia

Artêmio usa cartas, oráculos diversos, pirâmides, cristais, maracujá, chá, fitas coloridas, taças e tachos de cobre. Seus fundamentos são extremantes fortes e, quando tira o chapéu para atender a pessoa, é sinal de que o consulente está com um problema difícil, mas que terá resolução se depender da ajuda do cigano.

Oferendas

Artêmio é o cigano das metáforas, dos enigmas, por isso prefere falar pérolas ciganas, e seu melhor presente é quando o consulente está entendendo o que ele quer dizer, o que é tarefa difícil. Consola os que sofrem e não pede oferendas em troca, mas baralhos novos e diversos são os presentes que fazem-no abrir um grande sorriso; artigos do Egito também são do seu agrado. Cristais como granada e ametista são bem aceitos.

Culinária (pratos preferidos)

Seus pratos prediletos são **varenkys**, **sarmy**, **mamalyga**, **catjhó tchaval**, **civiaco**, **sifrit** e figos secos.

Rituais

Artêmio faz o seu jogo de tarô, joga as moedas que contêm a energia do mundo, conversa dando conselhos de ouro e senta-se com seus consulentes em almofadas onde ministra passes magnéticos de grande poder.

Especialidade mágica

Artêmio é um cigano que domina a arte da predição nas cartas do Tarô; seus enigmas são sempre repletos de sabedoria e ensinamentos, por isso a grande magia de Artêmio é a conversa entremeada de passes magnéticos, nos quais ele deixa dicas, conselhos e predições certeiras. Quando pede ao consulente que ponha o problema escrito no papel e o toma para colocá-lo em seu inseparável chapéu, a pessoa pode saber que tudo que ele falar, sendo o que a pessoa quer ou não, é o que vai acontecer, e lá em frente verá que foi o melhor que podia ser.

Cigano Wladimir

Sua origem e história de sua vida

O Cigano Wladimir, o Rei dos Ciganos, não revela a sua origem, diz que é "do mundo", porém acredita-se que ele seja de origem russa (provavelmente Frunkaléshti), pelo modo de se expressar cheio de "erres" e também por se referir à sua terra com seu próprio nome. E a oeste da Rússia existe a província de Wladimir (nome oficial desde 1364), que é capital da atual Oblast. O Rei dos Ciganos andou por todo o mundo, é protetor do trabalho e das mulheres. A história mais conhecida do Rei é de que ele era um cigano ourives, especialista em fundição de metais e incrustação de pedras preciosas. Um dia de ***kumpania*** na Espanha, foi procurado por um senhor, que ouvira falar da perfeição de seus serviços, e solicitou ao cigano um colar com a efígie (retrato) de uma bonita dama em relevo. O cigano então disse que teria que ver uma pintura ou a dama para que pudesse retratá-la. O cavalheiro concordou e mostrou-lhe uma pintura; logo Wladimir reconheceu a mulher de tristes olhos negros que vira passar numa luxuosa sege, quando estava comerciando numa praça Granadense. Perguntou ao comprador se devia "caprichar", se era presente de amor. O senhor disse que sim, que faria daquela dama uma rainha. Assustou-se Wladimir. Era notório que a moça estava sendo obrigada àquilo. Pediu ao senhor que a enviasse ao seu encontro, para que, ao conhecê-la, pudesse talhar todas as linhas de seu rosto com perfeição no ouro. No dia combinado, a moça de olhos tristes chegou até a ***kumpania*** acompanhada. O cigano, disposto a descobrir que mistério a envolvia, pediu que voltasse em outros dias e com o tempo ia ganhando a confiança dela. Um dia, a moça, como que a adivinhar o que se passava e pensando em ter ajuda, contou que o pai dela era um comerciante em dificuldades e que o senhor que encomendou a joia era um banqueiro disposto a ajudá-lo em troca de sua amizade e posteriormente sua mão. Tentava o senhor conquistar o seu coração. Wladimir ficou pensativo, refletindo como poderia ajudá-la. Não conseguiu. A joia ficou pronta e o senhor deu-lhe uma rasa de ouro (36 quilos) e algumas pedras preciosas. Soube-se logo do casamento dos dois. Wladimir esqueceu o caso. Uns dois anos depois, quando de volta a Granada, soube que a senhora estava para ganhar neném, e enviou uma zíngara para ajudar no parto; o senhor gostou muito da ideia, e acolheu a cigana em sua casa. Dias depois, o trabalho de parto começou e a moça, ao dar a luz, acabou falecendo. O esposo, que lhe devotava imenso amor, ficou muito triste; conversando com Wladimir, ele disse que ela não o amava, mas que o fizera muito feliz; o cigano, para reanimá-lo, disse que, na ocasião da feitura da joia, ela havia lhe dito completamente o contrário. Disse-lhe ouvir que seria feliz ao lado de um cavalheiro tão distinto. Disse-lhe do costume cigano da **pomana**, ofereceu que seu clã fizesse, e o senhor aceitou. Fizeram então as três **pomanas**; na terceira, o senhor teve um sonho com a finada, se dizendo bem e pedindo que ele cuidasse do bebê, além de falar que as rezas estavam fazendo muito bem. Pediu que Wladimir fosse recompensado por tudo que ele estava fazendo. Assim o cavalheiro foi tentar fazer; chegando como velho amigo na **kumpania**, recebido pelo cigano ourives, falou do sonho que tivera com sua mulher e queria agradecer; Wladimir disse não querer nenhum presente de agradecimento. Pediu apenas para que ele protegesse as mulheres. Assim o **gadjó** o fez e foi abençoado pela **shuvani** do clã.

Lendas

Em minhas andanças pelo mundo, muitas vezes tive a oportunidade de falar com Wladimir, em Blumenau, Santa Catarina (mãe Petra), Caldas Novas, Goiás (tia Ivone), Ponta Porã, Mato Grosso do Sul (mestra Rosana), Maceió, Alagoas (Ricardinho do Porto) e Petrópolis, Rio de Janeiro (mano Vidal); em todo lugar nota-se a mesma realeza, a mesma imponência e atenção com as mulheres. Sempre gentil e generoso, Wladimir amparou-me no desemprego e ensinou-me a andar nestas curvas estradas da vida.

Wladimir contou-me que, desde criança, tinha preocupação com as mulheres, achava que elas trabalhavam demais, imputavam-nas grandes responsabilidades e que elas eram generosas e capazes de grandes ações. Desde moço foi apreciador do feminino; ciganas e *gadjis* apaixonavam-se por ele. Num dia de muito trabalho, caiu febril de paixão por uma jovem senhora muito rica e influente na época, dedicou-lhe intenso amor. A *gadji* também gostava dele. O cigano fazia joias e encastoava pedras preciosas em anéis, para lhe presentear. Tocava seu violino com ardor e encantamento ímpar, inspirado na dama. O pai da moça, um homem poderoso e de coração duro, não estava gostando daquele envolvimento e pensou em mandar exterminar toda a *romá*.

A *shuvani* avisou do que aconteceria. Wladimir foi ter com o homem e propôs uma conversa; o homem disse que ele se arrependeria. O cigano fez toda a *romá* levantar acampamento e ir para a Sicília. A *djully* entregou todas as joias a Wladimir e pediu-lhe que fugisse. Ele disse não poder atender o pedido. Disse que lutaria até o fim. Ela sabia que seu pai estava a perseguir Wladimir. Falou que iria para a Sicília com ele. A predição não era boa para os dois. A família da *djully*, quando soube, perseguiu-o; ele fez um caminho para ela e outro para ele. No meio da jornada, foi morto sem piedade;

desencarnado, foi correndo manter contato com a sua amada. Os homens queriam exterminar toda a **romá** e a **gadji**. Quando ela avistou o clã na Sicília, foi capturada; chorava, pensando em Wladimir, quando o espírito deste apareceu e disse: "Não te desesperes, minha rainha, trarei logo o teu socorro." Ela compreendeu de imediato, e ficou mais calma. Quando foram exterminar a **romá**, Wladimir estava à frente da **kumpania**; os homens não entenderam: afinal, era o cigano que eles haviam matado. Fugiram com medo. As **shuvanis** viram a moça e a libertaram. Por isso ele é considerado o Rei dos Ciganos, porque morreu, mas continuou protegendo os ciganos, como protege até hoje. Seu ditado favorito é: "O homem tem a força, mas a mulher tem o ventre; não meça forças, porque sairá perdendo."

Wladimir cuida para que também as Leis Ciganas ditadas pela **Kris Romani** sejam seguidas. Segundo elas, os piores pecados que um cigano pode cometer são:

1 – Falta de respeito aos anciãos.
2 – Não cumprir a palavra dada.
3 – Abandonar os filhos, antes ou depois de nascer.
4 – Separar-se do cônjuge.
5 – Provar da maternidade antes do casamento.
6 – Ter falta de pudor, nas vestes ou em outra ocasião.
7 – Roubar em recinto sagrado, como igrejas e cemitérios.
8 – Ofender a memória dos mortos: se já morreu, é melhor deixar como está, pois nada do que se diga irá fazer mudar.
9 – Ter falta de educação com as pessoas em geral.
10 – Negar ajuda a quem precisa.

Hoje em dia, em virtude de a raça cigana ter que acompanhar a evolução dos tempos, estas leis não são mais tão rígidas assim (principalmente as que estão nos números 4, 5 e 6), sendo possível entrar em entendimento sobre as questões. No entanto, as leis transcritas aqui estão em sua forma original, como foram formuladas.

Cores

A cor favorita de Wladimir é o vermelho-sangue; o azul-rei também é de seu agrado, assim como blusões brancos de mangas fofas. O rei gosta muito de usar um lenço vermelho na cabeça, à moda pirata, e não dispensa nunca o ***diklô***.

Oráculos de Wladimir

Wladimir trabalha com baralho cigano (ou ***arcanos menores***), dados, dominós, vidência e, em algumas ocasiões, cristais diversos ou a bola de cristal. É rei e, por isso, não costuma oracular como outros; mas, quando o faz, é certeiro no que diz. Costuma oferecer melão aos consulentes, seus ou de outros ciganos, e, pelo modo que a pessoa come, ele vê o problema pelo qual a pessoa está passando. Costuma ajudar às mulheres e aos desempregados primeiro.

Influência de Wladimir

Sente-se no ar a influência de Wladimir, por ser forte e positiva em locais onde a espiritualidade é trabalhada; se é de linha cigana, ele reina, adorado e amado por todos. Sua energia conduz a características como: cortesia, amabilidade, respeito, organização, justiça, busca pelo amor universal, elegância, honestidade, disposição para ajudar, alegria, imponência, bem viver, amizade, astúcia, estilo. Onde houver uma linha de espiritualidade, a força do cigano sempre trará diálogo, perfeccionismo, arte, religiosidade, coragem e respeito, principalmente às mulheres. Wladimir é um rei, mas tem alma de guerreiro, traz sempre impulso e força criadora.

Ervas, plantas e cristais

Suas ervas são: dinheiro-em-penca, amor-agarradinho, espada-de-são-jorge, pétalas de rosa salmão e vermelhas, e hortelã. Suas plantas são: parreira, artemísia e plantação de trigo. Os cristais são: quartzos branco e citrino, e sodalita, este por ajudar em horas de decisões difíceis e alinhar os **chakras**.

Fundamentos de sua magia

Wladimir usa cartas de **arcanos menores**, melão, açúcar cristal, erva dinheiro-em-penca, moedas, punhais e cachimbo. Seus fundamentos são poderosos: ao oferecer um pedaço de melão para o consulente, verá a reação da pessoa, conversará e dançará; assim vai captando a aura. Se ele presentear com um cubo de açúcar, o consulente terá um amigo para sempre.

Oferendas

Wladimir é o rei dos ciganos e, como rei, preocupa-se mais do que ninguém com o bem-estar de sua **romá**. Ajuda aos que precisam de trabalho, às mulheres, aos idosos, às crianças e guerreiros. Nunca pede oferendas; os consulentes satisfeitos é que dão. A fruta melão e o açúcar em cubo fazem abrir um largo sorriso. Mas o que mais gosta é de lenços vermelhos, punhais com pedra e joias de ouro, além de fumo para abastecer o **pafeito**.

Culinária (pratos preferidos)

Seus pratos favoritos são: **armianca**, **sarmá**, **salmava**, **mamalyga**, **mol**, **civiaco** e frutas frescas.

Rituais

Wladimir joga o baralho cigano, conversa e pede que a pessoa tome um copo de água com açúcar, deixando um pouquinho para que ele faça as predições; receita banhos para ganhar dinheiro que são quase infalíveis.

Especialidade mágica

Wladimir domina as cartas e predições; sua preocupação com as mulheres é muito grande, tanto que as atende primeiramente; faz magias com melão, sua fruta preferida, para quase todos os casos. Escolhe a dedo suas parceiras de magia (ciganas deste mundo e do outro), pois, como é rei, ele manda e as *romies* fazem com prazer. Conversa deixando um bem-estar indescritível, acolhe todos em sua casa, indicando o melhor caminho a seguir. A especialidade mágica do Rei é vista por quem tem olhos de ver, ele diz, por isso não posso revelar.

Cigano Manolo

Sua origem e história de sua vida

O Cigano Manolo nasceu na Itália, sendo que teve vida nômade muito ativa, viajando muito por lugares como Ásia e Turquia. Algumas vezes que estive com Manolo; ele me disse ser descendente de ciganos Vúngrika da Hungria, ciganos que, além de muito alegres, são observadores e feiticeiros, conversam muito, e é por isso que Manolo adora uma boa prosa. Manolo viveu muito, foi um grande **barô**. O cigano tem um poder de oratória muito grande e por isso era e é caracterizado. Um dia, passando pela Grécia, trabalhando muito fazendo instrumentos musicais, via as mulheres da **kumpania** serem insultadas pelas senhoras que passavam. Dia após dia. Muitas das **romies** mais novas reclamavam e já não queriam ir à **buena dicha**, porque tinham medo de ameaças e constrangimentos. Já haviam sido xingadas de tudo quando é nome depreciativo e nem bem terminavam o **gal**, vinham para a **kumpania** correndo e chorando. Os gregos tradicionais diziam mal da **romalé**, falavam que as moças e senhoras eram mulheres ociosas, vagabundas, que não gostavam de trabalho e que a **romá** em geral era um povo metido, sem respeito e sem tradição, um malogro, uns devassos, sem religião, sem igrejas, sem casas, além de mau exemplo para os jovens, que passavam a querer sair pelo mundo. Um dia, uma jovem veio até Manolo e disse: "É duro ser cigano na Grécia, estou cansada. Tanto pobres quanto ricos nos detestam. A gente tenta trabalhar, mas é difícil, sabe, Manolo. Precisava é do senhor lá na Praça." Já com os olhos cheios de lágrimas, ouviu de Manolo: "Amanhã irei lá resolver isso." Manolo era e é assim. Quando passavam umas senhoras gregas para maldizer das ciganas, Manolo se apresentou: "Sou Manolo cigano, qual é a razão de tanto malquerer pelas **romies**?" As gregas puseram-se a falar, ele escutou e disse: "Podem me escutar agora só um pouquinho?" "Escutar a um cigano, era só o que me faltava", disse a líder delas. "O mesmo penso eu de escutar uma **gadji**, mas como tenho educação, escutei, e agora gostaria de explicar." Muitas foram embora. As que ficaram disseram que não queriam ser injustas. Manolo as convidou para irem à **kumpania** tomarem um chá. No dia seguinte, só apareceu uma. Ele foi falando: "Este é o nosso lar, não somos apegados aos bens materiais, pois quando morremos, não levaremos nada. Vivemos com amor e consideração uns pelos outros, nossas mulheres são mães amantíssimas e esposas fiéis, têm nos filhos e na família o seu ouro, trabalham como máquinas para ajudar seus maridos, não merecem ser xingadas por serem pessoas boas. Temos nossos ritos sim, isso não é proibido nem defeito, e mesmo do jeito que somos tratados, por sermos tementes a Deus, não guardamos mágoas nem rancor, pois estamos acostumados a plantar somente a semente boa, a ruim deixamos ao vento para que ele a transforme em adubo. Se a senhora quiser ser nossa amiga, esta será a sua casa." A mulher ficou tão impressionada com o tratamento que Manolo lhe deu que quis ser sua amiga e da **romá** para sempre. Pois, além de nunca ter visto tanta sinceridade, sentiu tanto amor entre eles como nunca havia sentido nos seus. Assim é Manolo: deixando-o falar, tudo se esclarece, sempre foi assim e assim sempre será.

Lendas

Falar com Manolo é tarefa agradável. Muitas vezes empreendi viagem até a Zona Norte do Rio de Janeiro para o encontrar. Muitas vezes ia para ficar apenas olhando (ele é bonito); no entanto, no dia de seu aniversário, eu ganhei um presente de que nunca mais me esquecerei em minha vida. Fui até sua festa e ele me disse: "Está na hora! Sei que nunca me perguntaste nada, mais sei o que quer saber e vou te contar."

Manolo diz que nasceu velho e ri, porque a sua capacidade analítica é impressionante. Disse-me ele que, quando morava em Bari, na Itália, ficava em frente da Basílica de São Nicolau vendo as pessoas e ia analisando-as. Ganhou muito dinheiro pela sua capacidade nata e também por predizer o futuro olhando para o céu. Ele, nessa época, tinha 13 anos, e ia com o pai vender anéis forjados em prata legítima. O padre da basílica ficava intrigado e não gostava da presença de Manolo. Ele distraía a atenção dos fiéis, que muitas vezes deixavam em sua mão o reservado para o esmoleiro da igreja. Um dia, o sacerdote veio falar ao pai de Manolo: "Cigano, não tenho nada contra que vocês venham vender os anéis, mas faça seu filho parar de fazer adivinhações. É assustador e mentiroso, sabia?"

O pai dele disse: "Faça o senhor, porque não vou me intrometer no trabalho de meu filho; se ele estivesse ocioso, sim. E porque trabalha, o senhor reclama? Ora, deixe o menino." O sacerdote entrou na basílica fulo. Manolo continuava sem ter noção. No dia seguinte, o padre veio até Manolo e disse: "Menino, pare de inventar coisas, senão a polícia virá te prender. Você está errado." Manolo olhou para o céu e disse: "O senhor também está errado: é um sacerdote, não é mais homem, é padre, e sua mulher e sua filha estão na casa paroquial, na condição de empregadas do senhor. Ela está infeliz por lhe amar demais e o senhor não teme por sua filha? Pode acontecer a ela a mesma coisa. O senhor deve também ser preso, vamos chamar a polícia e iremos juntos, já que ambos estamos errados." O padre fuzilou-o com o olhar e pensou: como ele podia saber? Manolo disse-lhe: "Leio a alma das pessoas." Depois disso, nunca mais foi importunado pelo padre. Seu ditado favorito é: "Quem com ferro fere com ferro será ferido."

Cores

Manolo prefere azul-marinho com blusões de seda e boleros brocados para os dias de festa. Os blusões são quase sempre vermelhos e verde-folha. Gosta também de arrematar tudo com um discreto chapéu preto de fita azul.

Oráculos de Manolo

Manolo trabalha com a arte das palavras, a capacidade analítica e de vidência. Não precisa de muitos aparatos, embora utilize o baralho e as moedas, e por vezes conchas e búzios. Costuma analisar as pessoas antes até de virem lhe falar e, quando estas pisam em sua frente, raramente ele não vai dizer o problema pelo qual as pessoas estão passando. As magias, ele manda que as ciganas de seu clã façam, por considerar a força feminina mais eficaz em casos de ritos mágicos.

Influência de Manolo

Onde a energia de Manolo está, ela logo é sentida em forma de boas vibrações, formas de se fazer justiça, chance para todos, reuniões onde se acertam detalhes e todos têm oportunidade para falar. A presença de Manolo, de sua energia, tem características como: intensidade, arrebatação, envolvimento, astúcia, paciência, modificação, conversa que flui naturalmente, sinceridade, inovação, vontade de descortinar o desconhecido, domínio e manejo das situações, magnetismo, análise profunda e ar de predição. O cigano analisa bem porque ouve todos os lados, e quando isso não é possível, por meio de sua vivência descortina tudo rapidamente.

Ervas, plantas e cristais

Suas ervas são: pétalas de rosa, fortuna, avenca, folha de figueira e erva-cidreira. Suas plantas são: murada de papoula, maracujá e comigo-ninguém-pode. Os cristais são: olho de tigre, obsidiana e azurita — esta é considerada a pedra da sabedoria, que ajuda a entrar nos estados de meditação.

Fundamentos de sua magia

Manolo usa cartas, moedas, búzios e conchas. O seu principal fundamento é a arte de conversar e oferecer mimos como balas e frutas secas; conversando e utilizando suas formas próprias de vidência, aconselhará o que fazer. Mas quando Manolo coloca a mão do consulente sobre o baú, as ciganas da Roda já se preparam para fazer suas magias, porque é aviso de caso sério.

Oferendas

Manolo é um dos mais desinteressados quando se fala de oferendas. Preocupa-se mais em dar a sua palavra de apoio e reparte quase tudo que ganha com as ciganas de seu clã. No entanto, comidas árabes e ciganas o deixam muito satisfeito, mas é para as roupas que abre sorrisos. Um bolero de brocado ou mesmo um baú novo o deixam alegre e muito feliz, assim como frutas frescas, que ele reparte na hora com as *romies* que trabalham consigo.

Culinária (pratos preferidos)

Seus pratos favoritos são: **tabule**, **quibes**, **sarmi at parunhó**, **esfirra** de espinafre, salada de grão-de-bico com bacalhau, chás de todos os tipos, vinho tinto, **pogathá** e frutas dos mais diversos tipos.

Rituais

Manolo joga com diversos tipos de baralhos, cristais, conchas e moedas, tudo junto. Mas o seu ritual maior é fazer com que a pessoa entenda tudo que ele dirá para ela, deixando a parte dos ritos ao cargo das **romies** de confiança.

Especialidade mágica

Manolo domina a arte do aconselhamento; sua preocupação com as pessoas é muito forte. Para fazer parte do clã deste cigano, é preciso discrição, sabedoria e entendê-lo ao olhar. Quando coloca a mão do consulente sobre o baú e deixa o aviso, as ciganas podem trazer chá de cidreira e água limpa. Ele fará revelações que farão a pessoa refletir e chorar. Manolo tem muito cuidado porque são notícias e passagens muito íntimas. O cigano aconselha e fala baixo. Quem souber aproveitar seus conselhos estará no caminho certo, é só querer.

Cigano Sandro

Sua origem e história de sua vida

O Cigano Sandro é de origem sul-americana; viajou muito pelo mundo, principalmente pela América do Sul, onde, encontrando-se com irmãos de raça *kalon* como ele, brilhou como grande artista que foi. Sandro é de temperamento bem latino, é *caliente*, intenso, passional, desde a sua personificação ao seu vocabulário, tudo pode rotulá-lo como latino. Este cigano foi um grande bailarino e viveu muito à noite. Disse-me ele que, em sua última passagem pela Terra, passou em Córdoba (Argentina), onde já era quase sedentarizado, e morava em um teatro-bar, onde fazias suas apresentações diariamente. Ele era muito bonito e encantador, e muito assediado pelas mulheres em geral. Foi numa tarde de sol que adentrou no teatro o grande amor de sua vida. Essa moça era uma *gadji* com alma cigana, grande dançarina, bailava o tango com uma passionalidade impressionante. E foi trabalhar com ele. Sendo Sandro como era, logo se apaixonou, o que ela não acreditou, pois ele já havia namorado algumas mulheres, e quem havia se ferido haviam sido elas. Sandro fazia de tudo para que ela acreditasse nele, desde palavras meigas até presentes e promessas, mas ela era irredutível. Um dia, à noite, foi ao *show* dos dois um senhor muito rico. E se apaixonou por ela de verdade. Ela logo notou que ele passou a ir todas as noites, e deixou-se envolver. Sandro começou a se desesperar ao ver sua amada cada vez mais longe, até que ela se casou e deixou a arte. Ele era (e é) astrólogo e procurava nos mapas o que havia feito, um erro qualquer, e nada achava. Os mapas eram perfeitos. Ele então passou a beber de fraqueza e desgosto, cada dia mais; primeiro somente à noite, depois, de dia, e por fim a qualquer hora. Já estava no "fundo do poço" quando ela ressurgiu: o casamento não havia dado certo, havia descoberto que o amava. Ele fez o impossível e parou de beber, mas a sua saúde já estava por demais debilitada; ele ficou ao lado dela, mas logo sentiu que era um fardo pesado para a sua amada, do homem elegante e deslumbrante, não tinha mais nada, só um velho alquebrado e sem chances e possibilidades de trabalho. Voltou então para Mendoza, onde tinha velhos amigos que muito o amavam. Mas sem vê-la, não conseguia mais viver sem bebida, e caiu de novo. Passou a viver definitivamente na noite, negociando bijuterias de má qualidade, dando conselhos às **lumiascas**, viciados, rufiões, jogando cartas de um velho baralho que sua mãe havia lhe dado e bebendo muito. Por fim acabou de desgosto de amor, de desgosto consigo mesmo, de desgosto com a vida, e morreu num dia chuvoso e sem vida. Foi ao encontro dos seus numa viela de Mendoza e foi enterrado por seus pares da noite, que tinham nele o único amigo que os escutava e aconselhava. Assim viveu e morreu Sandro, o grande bailarino e astrólogo. Morreu de amor, diz ele, pranteado por muitos, e agora nos aconselha do astral, sem permitir que seus protegidos bebam álcool. Sandro atrai pessoas que vivem à noite, dá conselhos, não critica, todos saem muito aliviados depois de falar com ele, e os seus cálculos precisos fazem que as decisões acertada sejam tomadas com muito discernimento. Quem fala com Sandro não esquece jamais.

Lendas

Uma pessoa que receba Sandro (na aura) é difícil. Pensava não conseguir uma "entrevista" com ele, mas fiquei à procura. Um dia, viajando, passando por Curitiba, no Paraná, saí para lanchar na Rua 24 Horas. Era noite, e eu passava por problemas, estando com aparência triste. Um senhor parou e começou a dançar e a sorrir para mim, e na hora compreendi: era Sandro. Logo veio uma senhora e me deu um cartão da *ofisa*. No outro dia fui até lá e tomei um longo chá com ele.

Sandro conversa tomando chá gelado em taças de cristal verde. Diz ele que, quando nasceu, já havia sido predestinado a amar a noite; desde criança, nos **bródios**, ele conversava "como gente grande", dançava e era muito requisitado, por isso em sua vida adulta já estava ambientado assim. Conta Sandro que, quando um grupo de zíngaros chegava a Córdoba, era uma festa; ele dançava e cantava. Uma vez uma gitana ficou muito encantada por ele, ele brincava, ora dizendo que a queria, ora dizendo que não era de ninguém. Ela era filha de uma importante **shuvani** que lhe deu um grande aviso: "Se não a quer, desencante, para que ambos possam ser felizes." Ele não ouvia, adorava anoitecer e amanhecer no jogo de sedução. Ela, por desespero de amor, um dia atacou-o de punhal.

Ele se machucou e se assustou, mas não mudou. Essa cigana disse: "Vou deixar-te sossegado, mas nunca mais poderás ser feliz no amor; a dor que sinto, tu também sentirás, só que de forma mais intensa." Ele perambulou pela noite pensativo. Naquele dia fez muitos mapas que apontavam uma modificação grande quando chegasse aos seus 37 anos. Pensou estar errado, rasgou o mapa, mas a predição e a praga nunca mais foi esquecida por ele. Quando conheceu a mulher de sua vida e foi rejeitado, pensou na gitana que fizera sofrer. Foi até sua ***bába*** para conversar, ela retirou uma lâmina e disse: "Estás predestinado, cuidado com a noite, esta será a tua perdição." Com o passar dos tempos e com tudo que viveu, ele pôde compreender melhor. Na noite estava tudo que amava, tudo que o desvirtuava, e também a mulher que realmente amou. Por isso ouve pessoas sem restrições nem cobranças, pois aprendeu que todo mundo tem um ponto fraco. Ouve principalmente os artistas da noite, a quem dá conselhos e carinho como ninguém. Seu ditado favorito é: "Quem entra na chuva é para se molhar."

Cores

O cigano Sandro ama as cores berrantes, como laranja, vermelho e roxo; as camisas têm sempre muitos babados; gosta de cores fechadas para calças e mantas que carrega consigo, arrematando tudo com ***diklô*** vermelho-sangue e chapéu preto por cima.

Oráculos de Sandro

Sandro trabalha com cálculos astrológicos, cura com as mãos e cristais diversos. Utiliza o baralho cigano com maestria, embora sua preferência seja para os cristais e a análise zodiacal. Costuma oferecer um chá verde enquanto ouve o consulente, dando conselhos e falando com experiência das situações que a vida nos apresenta. Faz rituais intensos de curas psíquicas e energéticas. Sandro oferece um chá que é relaxante antes de atender, e sua consulta leva horas.

Influência de Sandro

A influência de Sandro é sentida em locais onde existe consolo, conversa e gentilezas, onde existem grupos de apoio mútuo e luta para se deixar os mais diversos tipos de vícios. Nos locais onde predominam características como: liberdade, virtudes, verdade, dons artísticos sendo descobertos, paixão, alegria contagiante, diversão, estímulo mental, viagem mental, atividades como dança e canto, compaixão, alegria por outrem, envolvimento, ausência de álcool e tabaco, conscientização do que são vícios destrutivos e vontade de viver. Nos locais em que se sente a energia de Sandro, é quase palpável a leveza e alegria do lugar; o cigano nos ensina assim a responsabilidade por cada um de nossos atos.

Ervas, plantas e cristais

Suas ervas são: dama-da-noite, bambu, arruda, murada de papoula e artemísia. Suas plantas são: boldo-chinês, saião, hortelã, jurubeba e manjericão. Os cristais são: crisocola, esmeralda e lápis-lazúli, esta por combater os extremos de emoção beneficiar o sono.

Fundamentos de sua magia

Sandro usa cálculos astrológicos e cristais; a imantação do ritual de cura com as mãos também é fundamental para o cigano. Utilizando seus cristais num rito próprio de receber seus consulentes, ele oferecerá chá verde gelado e pedirá à pessoa que segure o cristal de que mais gostar (ele trabalha com vários), assim ele fica sabendo qual é o problema que incomoda a pessoa e o trata.

Oferendas

Sandro ama bebidas fortes e as aceita como presente, só não deixa que seus protegidos bebam, por isso trabalha somente com chás. Mas aceita numa taça ao lado com conhaque, ***lovina, archote, panhicarí***. Cristais e símbolos astrológicos são de seu gosto. Frutas e tecidos berrantes para blusões e aparelhos de chá (samovar) fazem a alegria de Sandro, embora nunca peça nada para ajudar ninguém. É de sua missão.

Culinária (pratos preferidos)

Seus pratos favoritos são: músculo ao vinho, javali com groselha, ***sarmá, esfirra*** de espinafre, ***parrillada***, sopa dura, chás de diversos tipos, água de coco, broa de milho e frutas secas.

Rituais

Sandro joga com baralho cigano, assim como com os diversos cristais que tem, mas a astrologia é o seu principal oráculo, é a sua base, e mesmo quando deita cartas ou utiliza vidência, combina com o mapa zodiacal do consulente.

Especialidade mágica

Sandro domina a arte do zodíaco, a vidência e cura por meio dos cristais, e formas próprias de oracular, como a vidência da moeda na água, num recipiente de cristal. O cigano recebe seus consulentes de forma afetuosa em qualquer lugar. Mas é na sua ***tsara*** que ouve, calcula mapas com precisão e indica o que deve ser feito. O sinal de Sandro para a roda se dá quando ele apanha o bule ou samovar e começa a servir atrás da pessoa. Isso é sinal de graves problemas a serem atravessados, mas que, no entanto, com certeza que serão resolvidos.

Cigana Natasha

Sua origem e história de sua vida

A cigana Natasha é de origem turca, viajou por todo o Oriente e Europa, e foi vítima de intrigas e intromissões em sua vida amorosa. Essa cigana sofreu muito por amor; no entanto não é triste: a alegria de pertencer à raça cigana faz com que ela abra um sorriso, dance e espalhe união e alegria aonde quer que vá. Natasha é controlada, embora com muitas emoções dentro de si. Essa cigana foi criada obedecendo ao que sua família decidia. Uma vez, em Istambul, lugar de origem da maioria dos ***horahanê*** como ela, essa perfumista da magia conheceu um homem (***gadjô***), pelo qual se encantou profundamente. No entanto, já havia sido compromissada pelos pais. Casaria e viveria com um cigano ***kalon*** na Catalunha, mas seu coração não deixava de arder de paixão por esse homem, que correspondia o sentimento. Ela tinha dúvidas e medo. Esse ***gadjô*** que a amava foi numa grande festa na ***kumpania***; ele apareceu nos arredores, a fim de conseguir falar com ela e propor uma fuga. Seu irmão, muito astuto e tendo conhecimento, arregimentou a ***romá*** masculina e foi ter com o pretendente. Na presença dele chegando, perguntou se ele não temia os zíngaros. A resposta veio: disse que não, que temia só a Deus. A ***romá*** veio em sua direção, surrando-o, e surraram-no até a morte. Natasha de nada sabia, sua melhor amiga foi encarregada de dar uma notícia a ela. Disse-lhe que era seu verdadeiro amor, mas que cansou de ter que tê-la escondido e de sua fraca personalidade, por isso se foi, sem dizer adeus. Ela então, a contragosto, ela se casou com o escolhido por sua família, gitano este que era magoado pelo fato de ela gostar do outro mesmo morto; aproveitando-se disto, dava-lhe surras, fazia muitas maldades com ela. Quando Natasha ficou grávida de seu segundo filho, sua mãe aconselhou que fosse para companhia de sua família. O marido dela, de acordo, só pediu que fosse alguém para tomar conta dele (eles eram semi-sedentarizados). Sua mãe enviou a irmã de Natasha, mais nova e ruim como fel. Essa menina, de apenas 17 anos, invejava Natasha, seus perfumes e sua vida de casada. Pensou então que logo estaria com condições de seduzir seu cunhado, somente para machucar a irmã, que a vida havia maltratado tanto. Logo o intento foi conseguido, e ela apareceu grávida antes mesmo de o segundo filho de Natasha nascer. Sua mãe disse que aquilo acontecera porque Natasha era relapsa nos deveres maritais, portanto seu marido devia ser perdoado. Sua irmã passou pela ***Kris Romani***, mas foi perdoada. Natasha não sabia o que fazer, e uma noite fugiu com seu filho. Logo foi achada e seu pai convocou uma ***Kris Romani*** para ela, na qual ela foi expulsa sem poder levar seu filho de três anos. Ela estava no oitavo mês de gravidez. Logo andando na ***kumpania***, para pedir apoio, passou mal, entrando em trabalho de parto prematuro, o que acasionou sua morte aos 23 anos. Sua irmã casou-se com seu cunhado, e cuidou do filho de Natasha. Isso fez com que ela seja vigilante com seus laços familiares, sempre querendo harmonizar algo que não esteja bem. Faz também com que seus protegidos sejam tremendamente sós, ainda que tenham tudo na vida.

Lendas

Ao pensar em Natasha, eu sempre pensei encontrá-la em viagens distantes, mas foi num **bródio** simples que tive a oportunidade de estar com ela. Quando conheci a protegida de Natasha, ela tinha o ar sofrido, mas o sorriso e a vontade de viver estavam presentes intensamente. A querida (falecida) "Dona Lucinha rendeira", do Morro Chapéu Mangueira, em Copacabana, no Rio de Janeiro, foi a mais verdadeira médium que trazia a força da cigana para estar entre nós.

A Cigana Natasha, dizia sua avó que já tinha nascido ***shuvani***, devido a conseguir olhar tudo e, apesar de ser emocional, andar no caminho contrário ao coração. Um dia viu sua mãe chorando, por ter brigado com seu pai, e achou que ele merecia um castigo. Foi até a ***tsara*** de sua avó e lá pediu "ingredientes" para fazer um perfume especial. Sua avó achou graça: perfumes ela sabia fazer, mas não havia aprendido a imantar; no entanto, deu-lhe o que foi pedido. Natasha fez o perfume e, com ele pronto, foi até a lua cheia e deu-lhe de presente. A seguir, procurou o pai e o presenteou. O pai aceitou e usou de imediato para agradá-la. No instante em que começou a sentir o cheiro, sua mulher veio-lhe à lembrança. A briga veio à lembrança, e ele se sentiu arrependido.

Foi até a ***tsara*** de sua mulher, enquanto Natasha o observava. Pediu-lhe perdão por tudo que havia feito e dito. Desta vez, viu sua mãe chorar de felicidade e, no afã, contou à mãe o que havia feito. Mas a mãe não acreditou. Natasha ficou muito triste com isso, mas ficou alegre, pois havia aprendido a imantar perfumes. E foi contar para seus amigos. Sua mãe acabou brigando com ela. Ela, no entanto, seguia fazendo seus feitiços e magias na força da luz da Lua. Com o tempo, ***gadjis*** e zíngaras vinham para comprar e encomendar suas poderosas essências. Muitas ciganas imitavam-na, mais ela tinha consciência de que o poder da lua havia de ser respeitado e trabalhado de acordo com o que se quer obter. Por isso, ela diz, a Lua atende até mesmo a um olhar, é só saber falar com ela como se fala a uma amiga. Sua mãe e toda a **kumpania** a respeitava por isso, mas a descoberta do poder foi também motivo de ciúmes e tragédias. Seu ditado favorito é: "Vão-se os anéis e ficam-se os dedos."

Cores

A Cigana Natasha ama a feminilidade e sua cor de preferência é o violeta; as roupas tradicionais e femininas fazem seu gosto. O rosa e o verde-claro ilustram acessórios que a deixam mais feminina. O xale de crochê, em tom salmão, completa o aval de suas cores favoritas.

Oráculos de Natasha

Natasha trabalha com rituais da magia de velas, perfumes e essências; seus banhos, além de cheirosos, têm grande valor místico e finalidades diversas. O jogo com baralho cigano é precedido de um pouco de perfume no **chakra** coronário do consulente. Essa cigana faz trabalhos de imantações com o nome de toda a família, pedindo ao consulente que escolha qual animal mais gosta e, a partir daí, ela tem uma diretriz da personalidade do consulente para trabalhar.

Influência de Natasha

A presença de Natasha é sentida em locais onde se reúnem pessoas que têm preocupação com a família. A perseverança e disciplina serão quase palpáveis. As características predominantes serão: prudência, trabalho, competência, preocupação com os familiares, gosto pelas artes em geral, busca por amor, tanto carnal e sexual como fraternal, amizade com animais, responsabilidades, luta pelo metal para dar condições a todos de bem viver, admiração pelas pessoas e disciplina. A vontade de superação e de bem viver são marcantes na energia desta cigana, assim como a esperança de que tudo poderá melhorar; ela faz força e consegue, deixando essa energia de luta no ar.

Ervas, plantas e cristais

Suas ervas são: amor-agarradinho, manjericão, papoula, flor-da-noite e hortênsia. Suas plantas são: samambaias, erva-doce, casca de maçã, arruda e caneleira. Os cristais são: quartzos rosa e rutilado, e esmeralda, que é uma pedra que beneficia e traz criatividade para enfrentar as situações.

Fundamentos de sua magia

Natasha faz ritos com velas e perfumes encantados; a observação consiste em método oracular. Utilizando seu olho de Lua (olha para a Lua), ela capta vibrações que a grande **Xanatú** emite, assim pode começar a ajudar o consulente. Natasha também escolhe uma vela imantada para que o consulente acenda, assim ela "vê" qual a questão mais importante a ser resolvida.

Oferendas

Natasha ama os líquidos doces e suaves, como o licor de rosas e de hortelã. Bebe sempre em cálices próprios para licor, e no máximo dois. Champanhe é bem aceita, embora ela nem sempre beba, preferindo deixar que seus consulentes deixem suas impressões ao beber. Seus mimos preferidos são as frutas frescas e delicadas, e rosas ou flores do campo. Corujas e gatos de cristal estão entre as oferendas que lhe fazem abrir um largo sorriso.

Culinária (pratos preferidos)

Seus pratos favoritos são: **tavuk, quibes, sarmi at parunhó**, salada de grão-de-bico com espinafre, **maamoul**, chás de todos os tipos, vinho *rosé*, pão e frutas dos mais diversos tipos.

Rituais

Natasha faz vidência com cristais e animais vivos. Ela os observa quando perto do consulente e capta as impressões. Deita cartas ciganas com primor, embora tenha um oráculo de flores, que é seu principal método de trabalho.

Especialidade mágica

Natasha domina a arte do oráculo das flores, vidência, baralhos, cristais, animais e formas próprias. Esta cigana recebe seus clientes com um abraço no qual põe toda a sua energia, para que a pessoa se recomponha dos problemas, mas em seus **cherandás** ela ouve, fala e vê tudo o que se passa. Quando Natasha debulha flores e joga em volta do consulente, ou bate nele levemente com uma flor, os ciganos à volta sabem que aquela pessoa precisa de ajuda de todos, pois está "num beco sem saída" e com muitos problemas a serem resolvidos.

Cigana Yasmim

Sua origem e história de sua vida

Essa cigana é de origem do antigo Oriente Médio, da Ilha de Chipre, e viajou muito pelo mundo. Sua proteção é grande para os laços de amizade, porque o ***louvés*** pode acabar com a união de qualquer sociedade. Maga por excelência, prega o amor por onde passa. Esta cigana sofreu muito com problemas de união, amor e confiança. Yasmim sempre foi serelepe, ativa, meiga e amiga, como todos os ciganos **Shandorónis** são. Yasmim era uma moça-mulher linda. Era paranormal desde criança; às vezes sofria por ter avisos de coisas que não gostaria que acontecesse. Isso assustava seus pretendentes quando seus pais pensavam em casá-la, embora ela já tivesse avisado ao pai: "Morrerei *lachá*, em *panhi ki salor*, em *panne*." Quando a **kumpania** se dirigia para algum lugar perto do mar, ela dizia: "Fiquem descansados, não será aqui." Mas o mar esteve sempre presente em sua vida. Um dia se apaixonou por um cigano de seu grupo que vinha a ser filho da melhor amiga de sua mãe. Esta ficou feliz e apoiou Yasmim. Sua sogra também. No entanto o cigano não correspondia aos sentimentos de Yasmim, que até o momento era sua amiga de todas as horas. Dizia ele que ela estava confusa, que eram como irmãos. Mas Yasmim sabia o que sentia. E sabia que ele nunca seria seu. Procurava não pensar nisso, e aproveitar aquele momento de paixão que estava vivendo. Vivia esse amor, sofria por ele. Mas o pior golpe de sua vida estava por vir. O cigano que ela amava havia se apaixonado por uma *gadji*, e queria ter uma chance com ela. Não conhecendo ninguém que fizesse uniões com mais propriedades que Yasmim, foi ter com ela e pediu que ela o harmonizasse com a *gadji*. Yasmim sabia que não era bem amor que ele sentia, pois esta *gadji* muito rica o havia envolvido com presentes e atenções, mas não o amava também. Era somente uma "novidade" em sua vida. Yasmim, contra as forças de seu coração, fez a harmonização pedida. Eles foram felizes durante um tempo. Assim que os dois começaram a se conhecer de verdade, o "amor" acabou, e ele triste veio para os ombros de sua amiga e confidente. No entanto, algo nela havia mudado. Quando viajavam para perto do mar, não dava mais nenhum aviso. Por dentro se achava sangrando, mas não podia se entregar a um homem seduzido por **louvés**, era demais para os seus princípios. Ele começou a se aproximar, de uma forma encantadora, mas ela sabia que seu tempo na Terra era pouco, e não queria deixá-lo mais triste; fosse como fosse, teria que aguentar. Ao resolverem estar de **kumpania** em Chipre, algo lhe disse que ela não seria mais da Terra em breve. Indo se banhar nas águas do oceano num lindo dia, em companhia das **romies**, uma grande onda levou seu corpo, para nunca mais voltar. Quando o cigano soube que ela havia sido levada pela água, seu coração tremulou e ele disse: "Fui ambicioso e perdi meu grande amor." Por isso Yasmim harmoniza os amigos e desacordos por **louvés**, para que não aconteça a ninguém o que aconteceu com ela.

Lendas

Conheci Yasmim ainda adolescente, quando tudo é definitivo. Encontrei-a num terreiro no Rio de Janeiro, no bairro deRealengo, no que chamavam de "Gira Cigana". Ela me disse saber de meu sofrimento (e era verdade), e que tudo que faria por mim era não fazer nada. Não harmonizaria o rapaz comigo, pois não era ele o homem que me faria feliz. Aceitei decepcionada, mas hoje, quando lembro, só tenho a agradecer, por evitar que eu entrasse numa bela enrascada.

Yasmim sempre foi uma criança que preocupou os pais desde a mais tenra idade. Como todos os paranormais, teve infância difícil, marcada por doenças, distúrbios e anormalidades. Era criança alegre e muito estranha. Uma certa vez, ela avisou ao pai de que um amigo seu o decepcionaria muito. Seus pais tinham medo dessas previsões tão certeiras, e nada diziam a ninguém, pois tudo que ela falava de fato acontecia. Esse amigo de seu pai era um comerciante de tapetes muito bem-sucedido e tentava agradar Yasmim sempre, embora esta não gostasse dele. Ela ganhou um tapete e disse como agradecimento: "O senhor foi generoso comigo, muito obrigado, mas por que não é assim também com os que fazem estes tapetes? Eles se sentem lesados."

Ele sorriu e disse ao pai dela: "Tua menina é bonita, mas estranha; tu não ensinas a ela a não dizer besteiras?" O pai disse: "E quem pode com esta menina? Deixe para lá." O homem ficou nervoso e foi embora. O pai falou: "Filha, não fale tudo que sabe, nem sempre a verdade é bem-vinda." A menina calou-se. Seu pai fazia negócios com o homem. O homem propôs ao cigano vender seus tapetes, o pai dela aceitou. Certo dia foi assaltado por uns bandidos que levaram a féria e os tapetes que ali estavam. O dono não quis saber, quis o dinheiro. O pai de Yasmim teve que trabalhar de graça um período para o homem, pois cigano honra sua palavra até o fim. Um dia, um feirante, como ele, perguntou quem era o dono da barraca, e ele falou. O senhor disse: "Então já foste assaltado também? É assim que ele ficou rico." O pai foi correndo para casa e perguntou a Yasmim se ela sabia, ela disse que sim, mas deixou de falar tudo o que sabia. Seu pai olhou e aprendeu a ouvir melhor o que ela falava, para o seu próprio bem. Seu ditado favorito é: "Dize-me com quem andas e eu te direi quem és."

Cores

A Cigana Yasmim ama proteger os grupos e suas cores de preferência são o azul e o verde-mar. Os vestidos tradicionais, assim como as saias de babados, fazem o seu gosto. O azul-rei e o verde-claro ilustram os leques e fitas, assim como os tapetes de *tsara*. Os enfeites com motivos de mar são muito bem-vindos.

Oráculos de Yasmim

Yasmim trabalha com baralho cigano, que sempre recebe um pouco de água do mar. Essa cigana faz trabalhos com bonecos para magias de amarração, para amizade, amor e harmonização de famílias. Ela mostra ao consulente várias ervas e corações e, a partir do que ele escolher, ela vai predizendo sobre os problemas pelo qual ele está passando. E assim pode ajudar a resolver, embora diga suavemente verdades cruas que nem sempre o consulente quer ouvir.

Influência de Yasmim

A presença de Yasmim é sentida em locais onde se reúnem pessoas que têm preocupação com os laços de amizade. A desconfiança dos que gostam muito de metal é quase palpável. As características predominantes serão: criatividade, trabalho, competência, preocupação com os familiares, gosto pelas coisas do mar em geral, busca por amor, inteligência emocional, amizade com animais, responsabilidades, indecisão, sensibilidade extrema, fechamento ao mundo vulgar, vontade de superação, busca pela verdade, gosto por novidades, cuidados com ambição, atenção total em reunião de amigos, nos ventos marítimos, nas ressacas do mar, nas mudanças de Lua e nos reveses da vida.

Ervas, plantas e cristais

Suas ervas são: amor-agarradinho, oriri, papoula, flor de laranjeira e copo-de-leite. Suas plantas são: violetas, samambaia, rosas, sândalo e caneleira. Os cristais são: quartzos rosa e branco, pedra de mar, conchas e granada, que tira depressão e ajuda a tomar decisões.

Fundamentos de sua magia

Yasmim faz ritos com ervas, fitas e bonecos perfumados; nos potes de água cheio de ervas, ela tem um modo de oracular. Olhando para o mar (ou num pote de água do mar), ela recebe todas as respostas e capta as vibrações para poder ajudar ao consulente. Yasmim também oferece um pão ao consulente e observa o jeito dele comer, e assim ela fica sabendo a questão mais urgente a resolver.

Oferendas

Yasmim adora as bebidas de coco, assim como água de coco e água comum. Gosta de taças e de cascas de coco. Champanhe é bem aceita, embora ela nunca beba, preferindo sorver do astral, assim como o anisete. Seus mimos preferidos são os peixes de cristal, os pães que divide com todo mundo, as fitas, ervas e flores também são muito de seu agrado, embora ela prefira comida, para comer com os amigos.

Culinária (pratos preferidos)

Seus pratos favoritos são: **panqueca ki matcho** com **daneras**, pão de sementes, **sarmá**, bolinho de peixe, **maamoul**, salada de pepino puro, salada grega, água de coco, chás de todos os tipos, vinho com água e coco.

Rituais

Yasmim faz amarrações de pais e filhos e amigos. Banqueteia-se com o consulente e observa as impressões. Deita cristais e faz vidência na água do mar com primor. Usa os oráculos ciganos tradicionais, e por vezes faz tudo junto.

Especialidade mágica

Yasmim domina todo tipo de amarração e utiliza todo tipo de oráculo cigano, como vidência, baralhos, cristais, ervas e fitas. Essa cigana recebe seus clientes com um pão onde coloca toda a energia para que a pessoa se recomponha dos problemas, mas, em suas observações, ela fica sabendo de tudo. Quando Yasmim oferece o pão e fica olhando a pessoa comer, e ao mesmo tempo vai aspergindo água do mar nele, as outras ciganas que estiverem perto correm para acudir, pois a pessoa está realmente muito precisada de ajuda espiritual. Quase sempre é sinal de feitiço feito, impregnado ou engano da pessoa.

Cigano Ramiro

Sua origem e história de sua vida

O Cigano Ramiro muito andou pelo mundo, passando por todo o continente africano. Por onde passava, aprendia a manipular as forças do lugar. Deste modo, teve uma vivência intensa e aprendeu sobre os mistérios de quase tudo que existe no mundo. Hoje detém força da transformação, por meio de suas magias, de oráculos, poder astral e conhecimento da raça humana. Ramiro nos conta que nasceu no Egito Antigo, quando seu clã (os **kalons**) estava de **kumpania** por lá. Aprendeu a andar pelos velhos mercados do Cairo, onde, vestido à moda árabe, ia atrás dos grandes mestres de sua época para beber nas fontes do aprendizado mágico em sua pureza e totalidade. O cigano era bonito, mas não um sedutor; ressaltava a sua pele morena e seus expressivos olhos negros. Um dia, quando em busca do saber da força mágica, conheceu uma mestra, uma mulher do deserto, que vivia agora na Nigéria. Não era bonita nem rica, era uma mulher velha, uma antiga bruxa, astuta, ardilosa, envolvente, enfrentava homens e animais, não tinha medo de nada. Ramiro a princípio quis se aproximar para servir como discípulo, mas foi envolvido e a paixão gritou mais alto, junto com o instinto animal, masculino, sexual. Sua paixão imperiosa precisava de sua amada. A mulher o aceitou como faz a ***romi***. Em noites frias, fez com que Ramiro se saciasse, atendendo aos pedidos de seu amado. Fez dele um homem de verdade. No entanto ele queria mais, queria entender que estranho fascínio podia um ser exercer sobre o outro. Ela ensinava fórmulas, magias, oráculos e, no entanto, dizia que nunca revelaria em que momento se deve "deitar o ingrediente principal". E ele, que vivia com ela, ficava impressionado com esta forma de poder. O tempo passou e ele se fez um grande ***barô***, conhecido e afamado. Nesse tempo, a sua paixão arrefecia, porém os laços que o ligavam àquela doce bruxa, mas muito mulher, estavam mais entrelaçados do que nunca. Um dia, ao estarem estudando juntos o mais conhecido oráculo africano (o jogo de búzios), ela lhe disse: "Ramiro, meu menino, chegou a hora de te revelar a deitada do ingrediente principal; estou chegando ao fim do tempo que foi reservado para mim na terra. Quando te conheci, já não era idade da paixão para mim, mas quis viver toda luz ao teu lado. Ao te conhecer, fiz magias e te dei meus ensinamentos e a mim, portanto é hora e momento de preparar-te para que possas seguir a tua jornada que será longa e complexa. Ramiro, tu já tens os segredos da magia, foste 'ligado' antes a mim, e agora o faz por amor (o verdadeiro), afinidades e amizade. Chegou a hora do principal ingrediente que tens que deitar. O mistério é a simplicidade, a obviedade, tudo na natureza se transforma e quem se recusar a este ciclo natural sofrerá. Tudo que for feito será transformado. A hora surge quando se respeita os seres viventes. Os ingredientes são paciência, discernimento e respeito. Este é o segredo." De posse desta revelação, Ramiro se empenhou em ensinar os ensinamentos que recebeu, semeando assim paz, amor e respeito por todos os seres do mundo.

Lendas

Conhecia Ramiro de nome, desde criança, mas só o conheci pessoalmente já adulta, quando viajava de ônibus para São Paulo e sempre "encontrava" (via) aquele homem. Depois de um ano e meio, fui perceber sua energia e notar que era espírito. Desde que percebi, passei a não mais vê-lo, mas a senti-lo perto de mim enquanto trabalhava, até o dia em que ele veio ao meu encontro. Quando fiquei desempregada e me faltou o chão (e o pão), ele incorporado me disse: "Não chore, a transformação para o melhor está a caminho, faça a sua parte." Depois pude conversar com ele, e ficar ainda mais sua fã.

Ramiro sempre foi apaixonado pelo Egito e sua grande diversão era andar observando os egípcios. Um dia, já adolescente, viu seu irmão mais velho armar uma **tsara** bem fechada, longe da **kumpania**. Ficou acompanhando escondido os movimentos. Seu mano, ao entardecer, entrou com uma **gadji**, muito morena, bonita, e parou para fechar bem. Ramiro, curioso e bem sabendo o que lá ocorria, entrou abruptamente e viu-os, ela deitada em seu colo, já quase nua, e ele a beijando com paixão. Seu irmão quando o viu o mandou embora, sob pena de castigá-lo. Ele saiu, mas ficou vigiando. A **gadji** se assustou e logo se recompôs, e saiu andando rápido, minutos depois. Seu irmão andava ao lado dela como se a protegesse e sorria como se tivesse havido a melhor noite de amor entre eles.

Ramiro riu do que havia feito, afinal, achava errado seu

irmão deitar-se com uma *gadji*. A moça sumiu nas vielas escuras. Seu irmão parou e foi lhe procurar, e o medo do castigo voltou. No entanto seu irmão lhe chamou e disse: "Eu muito queria o corpo dela, pois sou homem, mas não tenha medo que não irei te machucar. Ramiro, você me viu tratando-a como uma *kralissa*. O que quero que aprendas é que o respeito que tive por ela, que na verdade é uma simples *lumiasca*, é o respeito que devemos ter com todos. Principalmente com os que não se privam deste tratamento. Te respeito pela ignorância do teu ato. Respeito-a pois não sei das razões dela de levar a vida deste jeito. E assim quero que tu sejas, que respeite os *gadjés*, as leis do nosso povo, respeite a natureza e os animais, os ciclos de transformação das coisas." Desde esse dia, Ramiro aprendeu que o respeito tem que ser parte integrante de 90% das decisões tomadas na vida. Assim, depois que adquiriu o conhecimento, passou a ser o cigano da transformação, sempre respeitando as razões de cada um. Seu ditado favorito é: "O que é de gosto é o regalo da vida."

Cores

O Cigano Ramiro ama os oráculos africanos e sua preferência é o azul e o dourado. As vestimentas tradicionais africanas, assim como roupas brancas mescladas de vermelho e verde, fazem o seu gosto. O azul-rei e o amarelo ilustram as toalhas de seus oráculos, assim como os tapetes de sua *ofisa*. Os enfeites com motivos de mar são muito bem-vindos.

Oráculos de Ramiro

Ramiro trabalha com baralho cigano misturado aos búzios e cristais. Este cigano faz trabalhos diversos, atuando nas mais diversas áreas. Com búzios, lágrimas-de-nossa-senhora, guiné e metais valiosos, ele trabalha definindo o que deve utilizar para cada caso. Ovos, mel e orações são escolhidos por ele para cada magia, assim como as ervas. Utiliza elementos de magia cigana, africana, bruxaria e feitiçaria em geral, tudo o que puder ser útil, ele lança mão.

Influência de Ramiro

A presença de Ramiro é sentida em locais onde se reúnem pessoas que têm preocupação em descobrir a verdade sobre como funcionam as coisas, situações e pessoas. As características predominantes serão: trabalho árduo, competência, preocupação em descobrir as verdades, gosto pelas coisas do mar em geral, curiosidade, inteligência mágica, amizade com todos, responsabilidades, sensibilidade aos locais que têm marca astral, vontade de buscar o conhecimento, gosto por novidades, cuidados com magias e feitiços, atenção total em reunião de amigos, nas fases da lua, nas ressacas do mar, nas raízes das plantas, na comida de pessoas suspeitas e na oferta do proibido.

Ervas, plantas e cristais

Suas ervas são: oriri, guiné, espada-de-ogum, canela e louro. Suas plantas são: dente-de-leão, sempre-viva, alga de mar, folhas de mangueira e figueira. Os cristais são: quartzo branco, pedra de mar, *otá*, ametista e ágata, que amplia os poderes das outras pedras.

Fundamentos de sua magia

Ramiro usa ritos africanos, fitas, bonecos e orações nos potes de firmeza com mel e água, e tem modo próprio de oracular. Olhando os búzios, a fumaça do cachimbo ou jogando, ele diz todas as respostas para poder ajudar o consulente. Ramiro também oferece água e pede que o consulente beba e diga seu nome todo três vezes, e assim "escuta" a aura do consulente.

Oferendas

Ramiro adora as bebidas de cana, assim como cachaça amarela com mel. Gosta de copos comuns lisos e altos. Aceita bebidas como destilados fortes (conhaque e uísque). Embora seus presentes preferidos sejam conchas do mar e os potes que ele faz na luz da Lua e do Sol, os girassóis enfeitam a sua *ofisa*, muito diversificada. Aceita também grãos, vidros, guizos, ouro, bonecos com a semelhança tuaregue e ervas variadas.

Culinária (pratos preferidos)

Seus pratos favoritos são: xerém, abóbora com **daneras**, pães, **sarmi at parunhó**, **buliço**, **maamoul**, **armianca**, água de coco, chá de hortelã, uísque, conhaque e caldo de cana.

Rituais

Ramiro faz feitiços tão diversificados quanto complexos. Amarra amores e dinheiro à pessoa. O consulente deve estar atento quando fala, pois ele parece não prestar atenção, se alheando, mas na verdade está buscando a aura dos envolvidos na questão a ser resolvida. Usa os oráculos ciganos tradicionais, junto com os búzios.

Especialidade mágica

Ramiro domina os feitiços de amarração, utiliza todo tipo de oráculo cigano, como vidência e baralhos, assim como também os oráculos africanos. Este cigano recebe os consulentes estando sentado, quieto. Ele faz uma busca astral da aura de todos os envolvidos no problema. Oferece um pedaço de cana, que a pessoa deverá comer ou guardar, conforme sua instrução, pois esse pedaço de fruta poderá vir a ser um talismã ou objeto de feitiço. Quando Ramiro anda em volta da pessoa, conversando com o que está com ela, é porque existe perseguição astral. Ele é o único que, como cigano, trabalha junto com Exu, pela sua vivência nos barracões e pela amizade com estas entidades. Ramiro transforma as situações de acordo com o livre arbítrio da pessoa, não interferindo nunca sem autorização.

Vocabulário

ABIEU - festa de casamento.
ABJOV - casamento.
ÂNIMA - alma, espírito.
ARCANOS MENORES - os quatro naipes do baralho comum, que recebem esse nome quando são usados na cartomancia. De *arcano*, segredo.
ARCHOTE - vinho.
ARMIANCA - salada de alface e tomate com cogumelos, queijo, berinjela frita, uva-passa e hortelã.
BÁBA - mulher mais velha, matrona, matriarca da família cigana.
BÁBA DE TSARA - equivalente à mãe de santo da umbanda. Ver *tsara*.
BARÔ - homem mais velho, patriarca, chefe da família cigana, membro do conselho que decide as questões do clã.
BARÔ DE TSARA - equivalente ao pai de santo da umbanda. Ver *tsara*.
BOYÁSH - nação cigana concentrada originalmente na Valáquia e Moldávia (no leste europeu).
BRINZA KROO - carne ensopada com legumes.
BRÓDIO - farra, festa informal, divertimento.
BUENA DICHA - leitura da sorte (termo espanhol). Tradicionalmente, as ciganas, ao abordar as pessoas oferecendo a lei-

tura da mão, perguntam simplesmente: "*Buena dicha*?"
BULIÇO - uma espécie de bobó.
CALOM - cigano da Península Ibérica: o povo e sua língua. Derivado de *caló* (negro), como os ciganos chamam a si mesmos na Espanha.
CATJHÓ CHÁI - bolo de coco.
CATJHÓ TCHAVAL - bolo enfeitiçado para os moços, uma espécie de quibe de berinjela.
CHAKRA - na tradição hindu, nome dos centros de energia do corpo. Do hindi *chakra*, roda.
CHERANDÁ - almofada.
CHORÓ - ladrão.
CIGANO - povo nômade originário da Índia, que emigrou para o ocidente e aos poucos se espalhou pelo mundo. Divide-se em diversas "nações", de acordo com a região onde cada grupo se concentrou e cujos costumes adquiriu.
CIVIACO - pão doce com ricota e frutas.
CLÃ - grupo de famílias que têm ancestrais comuns: são os avós, pais, netos, primos etc., com suas mulheres e filhos.
CRAVEM PARSIS - tradicional frango de panela com damascos.
CURRIPÉM CHINDÓ - trabalho de parto.
CZARDA - tipo de música e dança húngara, de origem cigana.
DANERA - pistache.
DARÓ - dote, preço da noiva pago pela família do noivo.
DEVEL - Deus, no dialeto romani (de *Devla*).
DIEULA - o mesmo que **Devel** (ver).
DIGINA - no candomblé, o nome secreto do orixá da pessoa. Palavra de origem banta (do quimbundo *dijina*, nome).
DIKLÔ - lenço ou xale. O lenço de cabeça usado por uma mulher indica que ela é casada.
DJULLY - mulher. Do romani *djuvli* (mulher).
ESFIRRA - salgado assado, na forma de uma trouxinha ou um disco de massa, com recheio de carne, verdura etc. Típico da culinária do Oriente Médio.
FLAMENCO - música e dança espanhola de origem cigana. Tam-

bém a roupa típica dos seus dançarinos.
GADJÊS - o mesmo que *gadjés* (ver).
GADJÉS - plural de *gadjó* (ver).
GADJI - mulher não cigana.
GADJIS - plural de *gadji* (ver).
GADJÓ - homem não cigano. Em Portugal é usada a forma *gajão*.
GADJÔ - o mesmo que *gadjó* (ver).
GAGUNCHÓ - alegre.
GAL - cidade. As ciganas trabalham no gal, ou seja, na cidade próxima do acampamento.
GARI GARI - música cigana tradicional da Rússia. Seu título completo é *Gari gari maya zvyezda* (Pisca pisca minha estrela).
GITANO - forma espanhola de *cigano* (ver).
GUAIACA - cinto com bolsos para guardar dinheiro e pequenos objetos. Termo gaúcho adotado pelos ciganos na Argentina e sul do Brasil.
HORAHANÊ - grupo de ciganos de origem turca.
IAKNA - frango com grão-de-bico.
IBÁ - nas religiões afro-brasileiras, jogo de objetos que formam o assentamento de uma divindade. Do iorubá *igba*.
JELLANTE - amante (mulher). Do calom *jelañi*.
KAKU - homem mais velho, usualmente chefe de família. O termo é usado para designar um guia espiritual.
KALDERASH - ciganos rom concentrados originalmente na Rússia e na Romênia.
KALON - o mesmo que *calom* (ver).
KIRILÉSHTI - grupo cigano de origem grega.
KOLOMPIRI - música tradicional dos ciganos rom. Seu título completo é *Pánzs kolompiri ande tigalya* (Cinco batatas na panela).
KRALISSA - rainha, no dialeto calom.
KRIS ROMANI - tribunal de anciões de um clã, que resolve os problemas da comunidade.
KUMPANIA - grupo de famílias ciganas que viajam ou moram

juntas.
LACHÁ - virgem.
LOUVÉ - dinheiro.
LOVÁRA - grupo de ciganos concentrados originalmente na Hungria e na República Tcheca.
LOVINA - cerveja.
LUMIASCA - prostituta, no dialeto calom.
LUTSARI - título de música tradicional dos ciganos calom.
MAAMOUL - biscoito doce recheado com nozes, típico da culinária do Oriente Médio.
MAJALÉ - adúltera. Do termo calom *majelé*.
MAMALYGA - polenta.
MATSHWÁYA - grupo de ciganos concentrado originalmente da Sérvia.
MOL - vinho cigano.
MULÓ - espírito.
NÁTSIJA - grande grupo ou nação de ciganos rom de uma determinada origem histórica e geográfica, como os **boyásh, horahanê, kalderash, kiriléshti, lovára, shandoróni** e **valshtiké** (ver).
OFISA - local (quarto, saleta, escritório) reservado para atender clientes para leitura da sorte.
OJÁ - nas religiões afro-brasileiras, faixa de tecido usada para compor as roupas litúrgicas e para enfeitar símbolos das divindades.
OTÁ - nas religiões afro-brasileiras, pedra que é símbolo de uma divindade. Do termo iorubá *okutá*.
PACHÍ - virgindade.
PAFEITO - cachimbo.
PAFEITOS KI BRINZA - charutos de folha de parreira com carne.
PANHI KI SALOR - água salgada.
PANHICARÍ - aguardente.
PANNE - mar.
PANQUECA KI MATCHO - panqueca de peixe. Do termo calom *machó* (peixe, pescado).

PAPIRO - papel, documento.
PARRILLADA - carnes bovinas e miúdos assados no braseiro ao molho de limão. Nome argentino do churrasco, do espanhol *parrilla*, grelha.
PHURI DAJ - mulher sábia, de grande influência na família.
POGATHÁ - pão do tipo broa.
POMANA - banquete que faz parte dos ritos fúnebres.
POTAGE KI MATCHO - canja de bacalhau. Do termo calom *machó* (peixe, pescado) + o francês *potage*, panela..
PSARI PLAKI - peixe assado.
QUIBE - bolo feito de carne
RADEN - moeda.
ROM - homem cigano; o cigano dos Bálcãs (leste europeu).
ROMÁ - designação coletiva dos ciganos que falam o romani. As pessoas que pertencem a esses grupos, os ciganos em geral, o conjunto dos ciganos.
ROMALÉ - o povo cigano em geral, a comunidade cigana.
ROMANÊS - o mesmo que *romani* (ver).
ROMANI - dialeto falado pelos ciganos do leste europeu. Derivado de *rom* (ver). A expressão Linha Romani é o mesmo que Linha Cigana, um dos grupos de entidades das religiões espiritualistas brasileiras, o que reúne os espíritos ciganos e cujos rituais são específicos e característicos dessas entidades.
ROMANÔ - algo que é romani, dos ciganos.
ROMHÁ - o mesmo que *romá* (ver).
ROMI - cigana.
ROMIES - plural de *romi* (ver).
RUNIN - mulher (em geral). De *rani/runi*, senhora em romani.
SALMAVA - folha de parreira com recheio de bacalhau.
SARA - Santa Sara, Virgem Sara ou Sara Kali é a padroeira dos ciganos. Segundo a tradição, era serva de Maria Madalena e acompanhou-a na fuga da Palestina, com Maria Jacobina, Maria Salomé, Marta e Lázaro. Seu centro de culto é na cidade francesa de *Saintes Maries de la Mer*, onde o grupo teria desembarcado. Sua festa anual ocorre nos dias 24 e 25 de maio.

SARMÁ - arroz com lentilha e carne seca.
SARMI AT PARUNHÓ - trouxinha de repolho do vovô.
SARMY - charutos de repolho com carne moída.
SERDANHI - um doce tipo mil folhas.
SHANDORÓNI - grupo de ciganos da Grécia.
SHUVANI - curandeira e feiticeira cigana.
SIFRIT - vinho.
SOSO - coelho.
TABULE -
TAVUK - frango com linguiça e farinha de quibe.
TCHAORRÔ - menino. Do termo calom *chaboró*, filho.
TCHAYO - chá.
THORES - homens de vida escusa.
TIARITZA - tigelinha usada pelos ciganos como xícara.
TSARA - tenda. Por extensão, casa e, na religião, templo.
TUAREGUE - povo formado por pastores nômades que vivem no deserto do Saara.
VALSHTIKÉ - grupo de ciganos franceses.
VARENKYS - pastéis doces ou salgados.
VOURDAKIE - Roda Cigana, encontro festivo de ciganos, com cantos, danças e comidas. Na religião, é o ritual religioso equivalente à gira de umbanda.
VURDÓN - carroção usado tradicionalmente pels ciganos como meio de transporte e moradia.
XANATÚ - nome dado à Lua como deusa, força mágica.
YARO - ovos cozidos. Do termo romani *jaro*, ovo.
ZÍNGARO - forma italiana de ***cigano*** (ver).
ZUJEMIA - tortilha de frango, considerada pelos zíngaros uma flor bonita.

Palavras finais

Ciganos, gitanos, zíngaros...
deste mundo e do outro
protegem, brigam, comem, riem.
De olhar penetrante,
de cabelos grandes, de ouro nos dedos.
Gitanos, mestres em magia,
ciganos, povo estranho.
Causam fascínio,
causam impressões fortes.
Misteriosos,
alegres,
festeiros,
religiosos,
deste mundo e do outro,
ciganos, sempre ciganos.

(Versos *kalons*)

Este livro foi impresso em novembro de 2020, na Gráfica Eskenazi, em São Paulo.
O papel de miolo é o offset 75g/m² e o de capa cartão 250g/m².